Staread
星文文化

一口气读完唐朝诗人

董领·知识放映室 著

江苏凤凰文艺出版社

图书在版编目（CIP）数据

一口气读完唐朝诗人 / 董领·知识放映室著.
南京：江苏凤凰文艺出版社，2024.11. -- ISBN 978-7-5594-8237-2

Ⅰ. K825.6-49

中国国家版本馆CIP数据核字第2024QE8398号

一口气读完唐朝诗人

董领·知识放映室　著

选题策划	宋　鑫
责任编辑	王昕宁
特约编辑	宋　鑫
出版发行	江苏凤凰文艺出版社
	南京市中央路165号，邮编：210009
网　　址	http://www.jswenyi.com
印　　刷	北京盛通印刷股份有限公司
开　　本	787mm×1092mm　1/16
印　　张	20.75
字　　数	314千字
版　　次	2024年11月第1版
印　　次	2024年11月第1次印刷
书　　号	ISBN 978-7-5594-8237-2
定　　价	78.00元

江苏凤凰文艺版图书凡印刷、装订错误，可向出版社调换，联系电话025-83280257

目 录

虞世南
于繁华处修得淡泊心，
让李世民点赞的"五绝"之才
· 001

王勃
如流星划破天际，
天才少年的耀眼光辉，刹那即永恒
· 019

卢照邻
"初唐四杰"他最惨，
含金汤匙出生，却沦为"众筹大师"
· 007

杨炯
从未去过边塞的边塞诗人，
"愧在卢前，耻居王后"
· 027

骆宾王
一身反骨，一身傲骨，
却只是大唐盛世的过客
· 013

宋之问
律诗奠基人，
才学是真的高，人品是真的差
· 034

陈子昂

唐诗之祖，炒作天才，
谁懂一代"诗骨"的孤独？
· 041

王之涣

大唐官场的"小透明"，
却用六首诗把自己送上了诗坛顶流
· 070

贺知章

李白的伯乐，职场的"不倒翁"，
他是大唐最幸福的诗人
· 047

孟浩然

李白的偶像，唐代山水田园派开山之人，
一生不羁爱自由
· 076

上官婉儿

从女奴到女相，
她的每一步都游走在大唐的政治旋涡
· 054

王昌龄

"七绝圣手"，诗家夫子，写最热血的男儿，
也写最鲜活的女子
· 083

张九龄

出身偏远山区，逆袭成为唐朝明相，
当真"岭南第一人"
· 061

王维

少年成名的佛系美男子，
诗中有画更有禅的"诗佛"
· 090

李白
仗剑执酒楚狂人,明月入怀谪仙人,
大唐有他才真的了不起
· 097

高适
半生失意,晚年逆袭,
关键是永不言弃
· 106

岑参
唐朝走得最远的边塞诗人,
却走不出壮志难酬的命运轨迹
· 131

崔颢
糊了半生,仅靠一首诗翻盘,
竟让李白都甘拜下风
· 115

皎然
是一代诗僧,亦是"茶道之祖",
"以茶代酒"是他推广成功的
· 137

杜甫
心怀天下,"诗中圣哲",
他的眼里满是烟火人间的苦与乐
· 121

刘长卿
与杜甫媲美的"五言长城",
却成了悲催的"背锅侠"
· 144

李冶
女中"诗豪",风流道姑,
为爱而生的唐朝首席女诗人
· 151

韩愈
是文坛领袖,也是"敢死队队长",
他是真的孤勇者
· 181

韦应物
富二代浪子回头——
"我有一瓢酒,可以慰风尘"
· 158

薛涛
乘风破浪职场翻盘,
不做"恋爱脑"的人间清醒
· 191

孟郊
庙堂太高,江湖太远,
寒门学子到底能有多难?
· 167

白居易
跟着偶像杜甫做"刺儿头",
其实他才是第一个"诗仙"
· 200

张籍
追星达人,名师高徒,
他是中唐新乐府诗的顶流创作人
· 174

刘禹锡
"反躺平代言人",一生逆行的"诗豪",
乐观的人永远强大
· 209

李绅
悯农诗人暴富后的"B面人生",
人设崩塌后脱粉无数
· 218

元稹
世人眼中的"大猪蹄子",
也是百姓心中的青天老爷
· 247

崔护
大唐的"桃花教主",
凭一首桃花诗抱得美人归
· 225

李贺
身负鬼才,命苦福薄,
天才的传奇只用二十七年写就
· 255

柳宗元
永州"旅游大V",孤独钓翁,
他是为民遮风挡雨的巨树
· 231

杜牧
风流只是他的保护色,
他也曾是热血的青年
· 264

贾岛
半僧半俗苦吟一生,
字字推敲衍生多轮"贾岛热"
· 239

温庭筠
花间派鼻祖,天才"枪手",
虽然丑,却是"妇女之友"
· 272

李商隐
虚负凌云万丈才,
首首无题诗的背后,是无解的失意人生!
· 280

韦庄
从落榜生到前蜀宰相,
他为唐诗画了个漂亮的句号
· 302

黄巢
三首诗流传千古,
大唐的掘墓人却逃不过宋江的吐槽
· 290

皮日休
晚唐最后的风骨,
泥泞时代里的一抹光彩和锋芒
· 309

罗隐
"十上不第"的科考"钉子户",
敢与时代叫板的"毒舌大师"
· 296

鱼玄机
诗中愿皆成闺中怨,
才比李清照,为何沦为大唐豪放女?
· 316

虞世南

于繁华处修得淡泊心，让李世民点赞的"五绝"之才

> 他是唐代"最强大脑"，是德才兼备的"六边形人才"；他的《蝉》被誉为唐代"咏蝉诗三绝"之一；他是中国楷书届的顶级大师，地位仅次于王羲之。

公元 558 年，虞世南出生于越州余姚（今浙江余姚）的一个高官家庭。他的祖父虞检，在梁代曾任始兴王的幕僚；父亲虞荔，曾经做过陈朝太子中庶子。后来因为叔父虞寄无子，虞世南就被过继给了他的叔父。而他的叔父虞寄，则曾经在陈朝官至中书侍郎。

虽然出生于这样的家庭，但他绝非纨绔的"官二代"，相反，他从小就意志坚定，异常好学，属于长辈们口中时常挂在嘴边的"别人家的孩子"，但小虞的人生也不是一直都一帆风顺的。

公元 561 年，虞世南四岁，他的生父虞荔去世了。为父服丧的小虞世南，刚脱下丧服，同年，他的叔父虞寄被晋安太守陈宝应俘虏，关了整整三年。直到三年后，即公元 564 年，陈宝应战败，虞寄得以生还，我们的小虞才结束了自父亲

去世、叔父被俘虏后，穿布衣吃素食的生活。

当时有位著名的文学家叫作顾野王，在那之后的十几年里，虞世南就一直待在他的门下学习。后来虞世南又拜了智永为师，这个人可不简单，因为他是王羲之的第七世孙。受到他的指点，虞世南的书法技艺得到了很大的提升，书法也成了他找工作时不错的跳板。

公元589年，陈朝灭亡，这一年，虞世南已经三十二岁了，朝代的更迭将虞世南送到了隋朝的长安。他还有个哥哥叫虞世基，初到长安的虞家兄弟，有点像《琅琊榜》里梅长苏刚刚抵达京城的情况。当时的虞家兄弟已经极有才名，世人甚至将他们比作西晋时的陆机和陆云兄弟。陆氏兄弟也曾到京城谋生，虽然身处逆境，但不卑不亢。当虞家兄弟到达长安以后，当时还是晋王的杨广和秦王杨

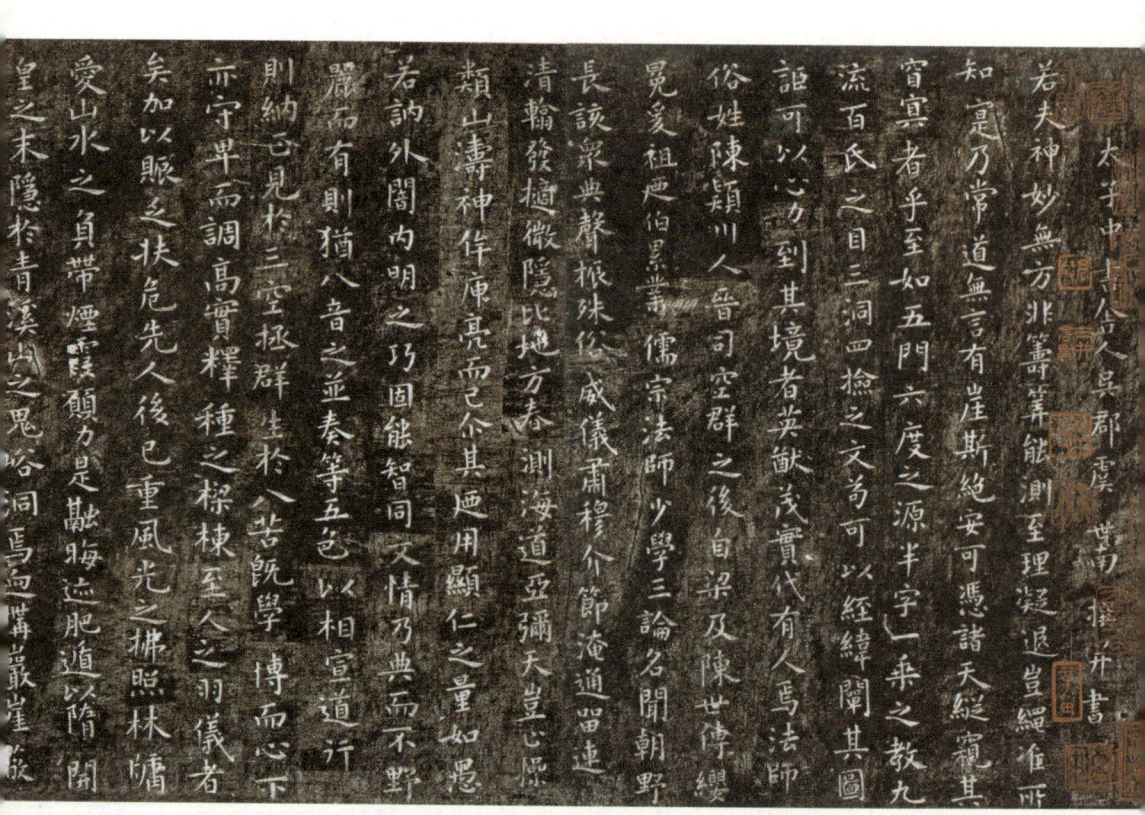

唐·虞世南《破邪论序》拓片（局部）

俊，都在第一时间向虞家兄弟抛出了橄榄枝。不过，对于两王的招揽，虞家兄弟做出了截然不同的反应。哥哥欣然选择入朝为官，投身于杨广门下，而不想做官的虞世南，竟然以家里有老妈需要照料为由，推辞了这个"好机会"，直接跑路了。接下来的几年，非常善于溜须拍马的哥哥，很快就成了杨广眼前的红人，而生性淡泊的弟弟并没有回家照顾老妈，而是常年在野。但杨广秉持着不抛弃不放弃的做事态度，逮着机会就要找他。有一次他就让虞世南来给他身边的大美女作画吟诗，虞世南写了一首诗来拒绝：

应诏嘲司花女

学画鸦黄半未成，垂肩亸袖太憨生。

缘憨却得君王惜，长把花枝傍辇行。

这就是大诗人拒绝别人的不一般的说辞，幸好杨广也是有点文化的，不然真看不懂。

公元 605 年，杨广登基称帝。这次虞世南不做官也不行了，除非他是不想要脑袋了。没办法，虞世南先后做了秘书郎、起居舍人。起居舍人主要是负责记录皇帝的生活和国家大事，可以理解为担任杨广的私人秘书。不过，虞世南始终鄙视杨广的作为，不愿钻营，所以官位一直不高。

于是，在整个大业年间，就出现了这样一幕。极具才名的虞家兄弟，性格截然不同。哥哥善于钻营，做到了宰相的位置，手握重权的他，并没有保持住初心，最终贪污成性。而弟弟虞世南，始终淡泊名利，只喜欢搞学术研究，官位高低什么的，丝毫都不在乎。性格迥然不同的兄弟二人，关系却极好，这种怪异的事情，绝对比小说里的情节更反转了。不过，杨广的好日子不长，连累虞世基也跟着倒霉。

公元 618 年，江都兵变爆发，宇文化及杀了隋炀帝，捎带手也要杀虞世基。这时，虞世南跳了出来，哭着说能不能用自己的命换哥哥一条生路，但被宇文化及冷漠地拒绝了，最后虞世基还是被杀了。次年，宇文化及兵败被斩，虞世南又被窦建德抓获，窦建德任命他为黄门侍郎。

直到公元621年，窦建德被李世民打败，小虞同学又到了李世民麾下，担任秦王府的参军。后来，他被授予弘文馆学士一职，和房玄龄一起专门起草文书，可见李世民对他的信任和认可。《蝉》一诗就是在这时写下的：

> 垂緌饮清露，流响出疏桐。
> 居高声自远，非是藉秋风。

此诗文风平淡清雅，却又暗含尖锐刀锋，最能体现虞世南外柔内刚、绵里藏针的气质。

公元626年，玄武门事变爆发，李世民登基做了皇帝。他本想让虞世南担任太子右庶子的职务，但六十九岁的虞世南以年事较高为由，推辞了这个职务，转而继续去做秘书少监。虞世南和哥哥完全不同，不仅重亲情，还一有机会就进谏，以至于李世民感叹说："要是大臣们都跟虞世南一样，我哪里用得着担心事情办不好啊！"

当然，唐太宗也很重视虞世南，欣赏他的博学，经常找他聊天。有一次，唐太宗想在屏风上写《列女传》警示后宫，可是一时找不到文本，就找到虞世南，结果虞世南将《列女传》默写了出来，和文本一对照，居然没写错一个字。这记忆力，堪称"唐代最强大脑"吧。唐太宗经常对人谈起虞世南，称赞他的正直、友悌、博文、辞藻、书翰是当世五绝，哪一绝都足以让后人学一辈子。

在接下来的十几年里，虞世南一直在朝为官，还写下了这首经典诗歌《春夜》：

> 春苑月裴回，竹堂侵夜开。
> 惊鸟排林度，风花隔水来。

最纯朴的文字，到了虞世南的笔下就焕发出了勃勃生机，他的文学造诣实在

明·沈周《钓月亭图》(局部)

是高。

直到贞观十二年，即公元638年，虞世南病逝于长安，享年八十一岁。五年后，虞世南的画像也入了凌烟阁，他成为凌烟阁二十四功臣之一。

他直言敢谏，严正劝阻唐太宗不要恣于游猎而疏于政事；他清贫节俭，身处高位，却从不奢靡浪费。正是这种贫贱不移、位高不贪、刚正不阿，才称得上真正的人间清醒吧。

相比虞世南一生的朝堂经历，更广为人知的是他的书法成就，作为王羲之的亲传再传弟子，虞世南的书法和他的品性一样，"珠圆玉润，柔中带刚"。他一生才学惊人，却又不愿钻营投机，君子之风自内而外。如果说一个人的作品能被后世推崇，是因为作品中充满了闪光点，那么，对虞世南来说，其最好的作品，当是他的品行。

虞世南的简历

- **籍贯**

  浙江宁波

- **生卒年**

  公元 558—638 年

- **荣誉称号**

  "凌烟阁二十四功臣"之一,"初唐四大家"之一,"十八学士"之一

- **职场经历**

  秘书郎升职为起居舍人:不喜欢给大老板做秘书,懒得往上爬;

  黄门侍郎:想不想干,都得干,因为老板很强势;

  秦王府参军升至弘文馆学士:老板换了好几轮,但我还是给老板写写材料的;

  太子中舍人一路升职为秘书少监:不想干,想辞职回家,但老板非要留我;

  秘书监:被赐爵为永兴县子,后晋封为永兴县公,干了几年,终于辞职成功了。

- **成就事件**

  唐太宗亲口夸赞说"身兼五绝";

  作为王羲之的亲传再传弟子,书法作品被誉为有君子之风,开创"虞体",可算没给祖师爷丢人;

  编修的《北堂书钞》被列为唐代的"四大类书"之一。

- **自我评价**

  低调,低调,好口碑比什么都重要!

- **主要作品**

  《赋得临池竹应制》《咏萤》《春夜》等。

卢照邻

"初唐四杰"他最惨，
含金汤匙出生，却沦为"众筹大师"

他是被厄运盯上的苦命才子，半生被病魔缠身，却写下了绝美的情诗。

约公元636年，卢照邻出生于幽州范阳（今河北涿州）的一个高级知识分子家庭。乾隆皇帝曾称范阳为"自古幽燕无双地，天下范阳第一州"。卢照邻不仅投胎投得好，自己也很给力。公元644年，当别人家的小孩还在爬树掏鸟蛋的时候，卢照邻的父母已经为他请了曹宪、王义方等名师教学。而且自小聪慧的他领悟力又很高，没过几年就成了当地学子中的佼佼者。

公元654年，师出名门的卢照邻自然是想建一番功业，于是十九岁的他奔赴长安，渴望一举及第。凭着自己的才学和智慧，初出茅庐的卢照邻成功打入了长安的名人圈，很快就被引荐到邓王府中做了头号文秘。邓王李元裕对他非常器重，逢人就夸："此吾之相如。"他把卢照邻比作了西汉文学大家司马相如，这可给小卢夸得心里美滋滋的。

卢照邻作为幕僚随邓王辗转各地十余年之久，直到公元665年，邓王去世后，他被调到益州新都县当县尉。而小卢并不满意这个比之前低了三级的九品小官职，在这里，他没有亲人朋友，更没有如邓王一般的伯乐。不过幸好在这里他还结识了之后与他齐名的才子王勃，同为异地游子，同样有着怀才不遇、颠沛流离的经历，两人很快结为至交，并在重阳节当天同游玄武山，在这里卢照邻写下了《九月九日登玄武山》：

九月九日眺山川，归心归望积风烟。
他乡共酌金花酒，万里同悲鸿雁天。

明·盛茂烨《潇湘八景图册之平沙落雁图页》（局部）

时光如白驹过隙，公元667年，单身三十多年的卢照邻在元宵佳节遇到了他的命中注定——郭氏女。才子遇佳人，白首定盟约。被爱情滋润的卢照邻心头一动，写下了这首《十五夜观灯》：

锦里开芳宴，兰缸艳早年。
缛彩遥分地，繁光远缀天。
接汉疑星落，依楼似月悬。
别有千金笑，来映九枝前。

缘分在不经意间找上了门，卢照邻就这样和郭氏女过上了他写字、她研磨，他读书、她掌灯的幸福日子。这样又过去了两年，公元669年，平静的日子被打破了，昔日的好友王勃找上门来，邀请卢照邻一块儿去长安参加典选。看着什么也没有了的家，又看了一眼已经怀孕的爱人，卢照邻决定前往长安成就一番事业，让老婆和孩子都过上好日子。纵然有千般不舍，为了未来，他还是决定放手一搏。

卢照邻原本以为此去终于可以大展拳脚了，但他所有的好运气似乎都用在了前半生，这次的结果并没有让他如意。某日，他仰望长空，想起身世浮沉，亦想起从前的光彩照人，不禁心生无数感叹，于是写下了那首惊艳历史的不朽诗作《长安古意》。那句"得成比目何辞死，愿作鸳鸯不羡仙"更是击中了无数少男少女的心。也是这首诗，差点让小卢丢了性命，因为其中有这么几句：

梁家画阁中天起，汉帝金茎云外直。
……
别有豪华称将相，转日回天不相让。
意气由来排灌夫，专权判不容萧相。
专权意气本豪雄，青虬紫燕坐春风。
自言歌舞长千载，自谓骄奢凌五公。

武则天的侄儿梁王武三思感觉有被内涵到，恼羞成怒之下便将卢照邻丢进了大牢。这是天降之锅，卢照邻更是有冤无处诉啊！

　　家人好友动用了各种关系，四处打点，才把他捞了出来。得罪了老武家的人，还想在唐朝混下去？即使被救了出来，他在仕途上的路，也算是走到头了。奈何"麻绳专挑细处断，厄运只找苦命人"，出狱后不久的卢照邻感染上了"风疾"，按照现在的话来说就是麻风病。对于现代的医疗水平而言，麻风病也是一种难解之症，更何况是一千多年前的初唐。这时的他还不到四十岁，疾病却如恶魔一样侵蚀着他的身体。

　　随着日子慢慢过去，卢照邻发现自己的双腿渐渐麻木，越发不听使唤，几个月后他竟然成了卧床不起的废人。原本英俊的脸蛋也变得面目全非，状如恶鬼，最终卢照邻只能放弃仕途，回乡休养。

　　为了活下去，他还求药王孙思邈为他治病。孙思邈也十分欣赏卢照邻的才华，便带他在山里养病，但病情没有半点儿好转。

　　卢照邻在《五悲文》中这样描述自己的病情：

> 骸骨半死，血气中绝，四支萎堕，五官欹缺。皮襞积而千皱，衣联褰而百结。毛落须秃，无叔子之明眉；唇亡齿寒，有张仪之羞舌。仰而视睛，瞖其若瞢；俯而动身，羸而欲折。神若存而若亡，心不生而不灭。

　　真是要多惨有多惨！因为治病已经耗尽家里积蓄，走投无路的他只好写信给自己在大城市的那些朋友，希望大家能寄点钱或者药给他，这大概就是古代的"水滴筹"吧。而他的这一切遭遇，远在四川的郭氏全然不知，只以为自己被辜负了。孩子出生不久后就夭折了，她整日在家以泪洗面。而卢照邻也没有任何办法改变现状，无止境的疼痛已经让他丧失了生的欲望。

　　于是，他在具茨山下购置了几十亩田地，之后又引颍水作陪，环绕良居。青山碧水之中，他为自己寻到了墓地，打造好了坟墓，从此之后，他便一直睡在墓中等待着死亡的到来。

公元 680 年，四十四岁的卢照邻终于忍受不住了，以《释疾文三歌》与亲属一一诀别：

> 岁将暮兮欢不再，时已晚兮忧来多。
> 东郊绝此麒麟笔，西山秘此凤凰柯。
> 死去死去今如此，生兮生兮奈汝何。
> 岁去忧来兮东流水，地久天长兮人共死。
> ……

最终，在一个月黑风高的晚上，他慢慢爬到颖水边，一头扎进了河里，一代才子就这样结束了悲惨的一生。

同样饱受命运摧残的贝多芬曾说：我要扼住命运的喉咙。他奏出了《命运交响曲》。卢照邻的惊天一跳又何尝不是如此呢？他就是不向命运屈服，在生命的最后一刻，他扼住命运的喉咙，成为了它的主人。

卢照邻的简历

● **籍贯**
　河北涿州

● **生卒年**
　约公元 636—680 年

● **荣誉称号**
　"初唐四杰"之一

● **职场经历**
　王府典签：领导赏识，还有很多书可看，简直是"神仙工作"；
　益州新都尉：干了三年，任满正常离职。

● **成就事件**
　参与了初唐的诗歌革新，拓展了唐诗的创作题材，能引导更多创作者关注民间疾苦和边塞生活，便是一桩幸事。

● **自我评价**
　前半生简单快乐，后半生心苦命更苦，但我的创作可不仅仅写苦！

● **主要作品**
　《长安古意》《十五夜观灯》等。

骆宾王

一身反骨，一身傲骨，
却只是大唐盛世的过客

他是七岁成名的"别人家孩子"，是敢大骂武则天的起义勇士，他的结局是一个不确定的谜。

大约在公元 637 年，也就是贞观十一年前后，骆宾王出身书香门第，祖父是一位文武双全的名士，父亲在当地也颇有声望。骆宾王七岁时便作出了那首脍炙人口的《咏鹅》：

鹅鹅鹅，曲项向天歌。
白毛浮绿水，红掌拨清波。

他的七岁，我的七岁，确实不一样。从那之后，骆宾王名震乡里，成了别人口中的神童。受到家庭环境的熏陶，骆宾王自幼好学，博览群书，两耳不闻窗外事的他一切都顺风顺水。不过，无忧无虑的生活到他十八岁这一年戛然而止，因为父亲去世，他不得不迅速成长为独当一面的大人。

北宋·赵佶《红蓼白鹅图》

　　服丧期满后，骆宾王便踏上了进京求仕的路途。对于当时既不是"官二代"也不是"富二代"的孩子来说，通过科考考取功名，是唯一可以平步青云的道路。考试前博览群书的骆宾王信心满满，可谁知放榜时竟名落孙山。按理说骆宾王这样有才华的人不该落榜，但事实就是如此。当时考试并未实行糊名制，托人找关系打人情分是常规操作，耿直的骆宾王不屑于做这些违背公正的事，落榜也并非意料之外。

　　这次考试失利对骆宾王打击很大，他愤愤不平，干脆直接摆烂，从"三好学生"变成了"街溜子"。《旧唐书》记载，骆宾王"落魄无行，好与博徒游"，说的就是他做街溜子的事。但是天生我材必有用，不久后，他这个有文化的小混混就遇到了赏识他的人。

公元661年，经人介绍，二十五岁的骆宾王开始了自己的第一份正式工作，在河南豫州做道王李元庆的幕僚。

三年下来，小骆的工作能力得到了领导的肯定，道王让他写篇自我介绍，聊聊自己的优点和特长，好给他安排升职加薪的事。

换成一般人怎么着也得感谢一下领导的厚爱，再好好构思写一篇自荐的美文吧，可惜骆宾王是"二般"的。他在文章里这样写："说己之长，言身之善；腼容冒进，贪禄要君……上以紊国家之大猷，下以渎狷介之高节……"领导想给他升职加薪，他却骂领导不合规矩。不愿意利用资源走捷径，不愿意破坏自己内心的公平正义，这便是文人的傲骨。可这份傲骨在旁人看来，不过是"年轻人不知天高地厚"。

既然选择忠于理想，那便要付出现实的代价。他只能继续做一个默默无闻的小幕僚，直到七年后道王薨，他不得不自寻出路。

之后，骆宾王带着全家回到家乡，以种田为生。可是，自古以来种田就是份苦差事，种地十几年，骆宾王越来越穷，一度到了无法养家糊口的地步。无奈之下，年近五十的骆宾王开始四处投简历，希望能重回官场，之后他在京城做了一份不顺心的工作。

公元670年，吐蕃大规模进犯大唐边境，那个曾经的少年并未被岁月磨平棱角，工作不顺的他决定投笔从戎。他写诗给吏部侍郎裴行俭，表达了自己"不汲汲于荣名，不戚戚于卑位"的态度，之后他成功入伍，开始了军旅生活。虽已人到中年，他的心却仍旧热血，在随军生活中，他写下许多豪壮蓬勃的边塞诗：

相和歌辞·从军行

平生一顾念，意气溢三军。

野日分戈影，天星合剑文。

弓弦抱汉月，马足践胡尘。

不求生入塞，唯当死报君。

这首《从军行》语豪气壮，慷慨激昂，很难想象这是他人到中年时的作品，可见无论何时他都是那个满腔热血的少年郎。

两年后，骆宾王离开边境，重回官场，担任侍御史，也就是中央政府检察官，这是他为官生涯的顶峰。然而耿直的骆宾王并不适合险恶的官场，才干了一年，就被撤职入狱。《新唐书》认为他是因为"武后时，数上疏言事"，得罪武则天了，被人安了一个贪赃的罪名，锒铛入狱。在狱中，他写出了自己最出色的五言律诗《在狱咏蝉》：

西陆蝉声唱，南冠客思深。
那堪玄鬓影，来对白头吟。
露重飞难进，风多响易沉。
无人信高洁，谁为表予心。

他以品性高洁的蝉自喻，默默地控诉自己的冤屈。

一年后，公元679年，唐高宗改年号为调露，并大赦天下。骆宾王被赦免，还被迁为临海丞，但他并没接受这个工作。公元683年，唐高宗李治病逝，唐中宗李显即位，才做了五十五天的皇帝，就因昏庸被武则天废黜，他的弟弟李旦即位，庙号睿宗。李旦审时度势，主动让出皇位，请母亲武则天登基。之后，骆宾王前往扬州拜访徐敬业，跟随决定讨伐武则天的徐敬业干了一件大事——造反。

骆宾王专门写了一篇讨伐武则天的文章《为徐敬业讨武曌檄》。"洎乎晚节，秽乱春宫。密隐先帝之私，阴图后房之嬖。"赤裸裸地对武则天进行人身攻击。

《新唐书》记载，武则天听到这些仅仅是"但嬉笑"，根本没放在心上。直到她听到那句"一抔之土未干，六尺之孤何托？"才忽然变了脸色，问道："这是谁写的？"得知骆宾王的名字后，武则天说："宰相之过，安失此人？"意思是："宰相到底是干什么吃的，错过了这么个人才？"而这究竟是武则天的真实想法，还是为了表现自己大度的帝王之术，我们就不得而知了。只知道几个月后，反叛军被朝廷军队一举歼灭，骆宾王"不知所踪"。没人能确定他究竟是死于那场兵变，还是逃离后选择了隐姓埋名，他这一生本就是个传奇，连结局也是一个谜。

我们总是不愿意给演绎传奇的人一个平凡的结局，于是更愿意相信的是，骆宾王兵败逃离后，隐姓埋名，皈依佛门，隐居于灵隐寺，此后凡尘往事皆如一场大梦。而灵隐寺，至今还流传着骆宾王月夜给宋之问改诗的故事，那句"楼观沧海日，门对浙江潮"又引发了多少人的遐思？

他是七岁就能写出爆款诗的天才少年，是拒绝走捷径、痛骂领导的耿直青年，是老当益壮、人到中年却远赴边塞的壮士，是不惧权威、痛骂武则天的勇士，是一个"不知所踪"的传奇，亦是那大唐盛世的匆匆过客。昔日人已没，今日水犹寒。你希望他最后的结局是死于兵变，还是隐居佛门呢？

骆宾王的简历

● **籍贯**
　　浙江义乌

● **生卒年**
　　约公元 637 年—?

● **荣誉称号**
　　神童,"初唐四杰"之一

● **职场经历**
　　道王李元庆幕僚：任职七年,虽然深受老板赏识,但是老板去世了,不得不离职；
　　军队幕僚：投笔从戎,虽然苦一点,但是我喜欢；
　　徐敬业府艺文令：跟着老板起兵谋反,没想到老板创业失败,我的职业生涯也就此走到头了。

● **成就事件**
　　七岁写下《咏鹅》；
　　讨伐武则天的文章被武则天点赞认可。

● **自我评价**
　　对,我就是那位咏鹅的天才!

● **主要作品**
　　《咏鹅》《为徐敬业讨武曌檄》《在狱咏蝉》等。

王勃

如流星划破天际，
天才少年的耀眼光辉，刹那即永恒

> 他是天才中的天才，是少年人害怕听见的"噩梦"，是盛唐之歌的黎明之光，也是"慧极必伤"的代名词。

公元 650 年，王勃出身于山西绛州龙门的一个名门望族，爷爷王通是隋朝的大儒，被称为"王孔子"。在唐朝那样一个天才辈出的时代，王勃称得上是天才中的天才。

《新唐书》记载，他"六岁善文辞，九岁得颜师古注《汉书》读之，作《指瑕》以擿其失"。六岁，别的小孩还在启蒙阶段，话都说不利索，王勃就能写文章了。颜师古是唐初的儒学大家，他有一堆响当当的头衔，经学家、语言文字学家、历史学家等。他的错误老学究们都还没发现，九岁的王勃读完他给《汉书》作的注之后，就写了《指瑕》十卷，指出了颜师古的一堆错误。这怎么不让一堆学术大家目瞪口呆呢？

杨炯评价他是"时师百年之学，旬日兼之；昔人千载之机，立谈可见"，意思是别人要学习一百年的学问，他十几天就能学会，古人千百年的智慧，他随

明·沈周《京江送别图卷》（局部）

口就能说出引出。

　　杨炯的话也没算太夸张，王勃这个学霸，曾经在十二岁时因为父亲说了一句"不懂医术为不孝"而外出学医。他只花了十五个月的时间，就跟当时的名医曹元学完了《周易章句》和《黄帝素问难经》，不仅学会了医术，还涉猎天文、历法等学问。后来的他对《周易》的研究很有心得，甚至写出了一部《大唐千岁历》，被沿用至唐玄宗时期。

　　总之，神童王勃最初的生活称得上顺风顺水。十五岁那年，朝中新任宰相刘祥道走马上任，奉旨巡行关内，体察民情。王勃抓住机会，写了一篇作品，带着去找刘祥道面试。

　　　　辟土数千里，无益神封；勒兵十八万，空疲帝卒。警烽走传，骇秦洛之甿，飞刍挽粟，竭淮海之费。

　　刘祥道惊呼"这是妥妥的神童"。在刘祥道的保举下，外加自身的才华，

十六岁那年，王勃轻轻松松地通过幽素科的考试，被授职朝散郎，成了当时朝廷最小的命官，而且起点就是副处长。此时的王勃必然是"恰同学少年，风华正茂，书生意气，挥斥方遒"。这个时期，他的诗以旷达乐观为主要基调，随便写一首送别诗就是《杜少府之任蜀州》：

城阙辅三秦，风烟望五津。
与君离别意，同是宦游人。
海内存知己，天涯若比邻。
无为在岐路，儿女共沾巾。

同年，他写下一篇《乾元殿颂》，歌功颂德，词美义壮，唐高宗很喜欢。一时间王勃的诗名大振，大家将他和杨炯、骆宾王、卢照邻合称为"初唐四杰"，王勃位列"四杰"之首。

一般来说，一个人的人生轨迹往往是呈螺旋式上升的，我们往往会在无数次碰壁和疼痛中汲取经验，在摔倒后踉跄着成长；在生活的磨砺中，渐渐懂得《道德经》里所说的那句"挫其锐，解其纷，和其光，同其尘"。但是王勃因为出众的才华，从来没有摔倒和碰壁，在人生最初的二十年里，他一直是被众人捧着生活，所以他从来不会收敛自己的光芒，不懂适时地让步。

王勃当上朝散郎以后，经过主考官的介绍，担任了沛王府的修撰。当时的沛王十二岁，王勃十七岁，二人年龄相仿，自然更能玩到一起。沛王参加各种王室的聚会都会带上他。公元668年，英王邀请沛王斗鸡，王勃为了给沛王助威，写了一篇《檄英王鸡》，唐高宗大怒。他本来就不喜欢儿子们斗鸡，觉得玩物丧志。王勃作为一个侍读，不好好教小王爷读书，反而在边上怂恿玩乐，为斗鸡立文，写得还这么好。

唐高宗生气的原因还不止于此，王勃的文章里面充满了"雌伏而败类者必杀，定当割以牛刀"等语句，很有挑拨皇子关系之嫌。于是，唐高宗立马把王勃轰出了沛王府，并且下令不许再任用此人。那一年王勃才十九岁。真是成也才华，败也才华。人生或许会有很多意外，但往往最终还是由性格决定命运。或许是王大才子平时为人倨傲，恃才傲物惯了，发生这样的事，身边竟无一人替他说话，即便是平时爱惜他才华的人，也不曾伸出援手。

这是王勃人生中遭遇的第一次挫折，自此开始，他的诗文中开始有了些悲凉的意味：

别薛华

送送多穷路，遑遑独问津。
悲凉千里道，凄断百年身。
心事同漂泊，生涯共苦辛。
无论去与住，俱是梦中人。

同是离别诗，这首《别薛华》和《送杜少府之任蜀州》相比，风格差异那叫一个悬殊。这首诗也意味着他被天子逐出长安。无奈之下，他只能把落脚之地选在了巴蜀。

很多时候一份有意义的、能让自己发光发热的工作,能够让我们实现自我价值。这样的工作不只是立身之本,更是安命之本。在蜀州的日子,王勃并不快乐,公元671年,他原本计划返回长安,重新参加科选,从头再来。但他的好朋友陆季友提议他来虢州做参军,这里药材丰富,还可以收集珍稀药草研究医学。在这里,他受到了人生中的第二次打击。

《新唐书》记载了这么一件事,"倚才陵藉,为僚吏共嫉。官奴曹达抵罪,匿勃所,惧事泄,辄杀之"。本来王勃打工打得好好的,突然一个叫曹达的人因为犯错逃逸,逃到王勃这边请求帮助,王勃真的把他藏在了自己的住处,但后来又怕被发现,王勃就偷偷杀了此人。

天下没有不透风的墙,王勃必须为自己的行为付出代价。按照律法,杀人一定要偿命,王勃被下了狱,坐了一年多的牢后,正好赶上朝廷改元大赦,才得以免除死罪。据《旧唐书》记载,王勃藏匿曹达一事,是与王勃有过节的人给王勃埋下的圈套。

这样的磨难逼得王勃不得不成长。一年之后,王勃出狱,他接到了朝廷准予复职的诏书,可他选择了放弃。宦海沉浮,心性单纯的人更适合去学术领域深造,他已无入仕之心。但是这些时光他丝毫没有浪费,回到故居后,他深居简出,足不出户,完成了祖父王通《续书》所缺的十六篇,撰写了《周易发挥》《大唐千岁历》《合论》及其他诗文作品。

读他这个时期的作品,你会发现那个"春日游,杏花吹满头"的陌上少年真的长大了,这一年是王勃心最静的一年。我想,对于王勃这样一个天才来说,只要他想学,他也可以做到世事洞明、人情练达,但他不愿意放低姿态。

除了他的老父亲,王勃或许自信一生从未负人。王勃因杀死官奴曹达,连累了他的父亲被远谪到南荒之外。在那个"百善孝为先"的时代,这件事对王勃来说是个不小的打击。

公元675年,二十六岁的王勃南下去探望远在交趾为官的老父亲。在前往交趾的路上,途经洪都,也就是现在的江西南昌。九月初九,一年里最美的季节,王勃与滕王阁相遇了。

那一天，洪都都督阎伯屿刚刚重修好滕王阁，在滕王阁上设宴大会宾客，王勃恰好也是被邀请的宾客之一。宴会上东家提议为滕王阁作序，在座的宾客都知道，这只是阎伯屿的一个托词，他想在这个场合推出自己的女婿吴子章。能够得到阎伯屿的赏识，吴子章本身应该也是小有才华的。可惜他遇到的对手是王勃，他们之间的差距，仿若小溪遇上了大洋，人类遇上了黄金圣斗士。当时其他宾客都很有眼力见儿地没说话，只有王勃耿直地跑出来说"勃可以一试"。

据说在王勃刚下笔的时候，都督差点气昏过去，借口身体不适暂时退席。但他不放心，派人去监督王勃，看他到底是在吹牛还是真有两把刷子。

"豫章故郡，洪都新府。"开头很平常，都督心里想着，我倒要看看你能翻出什么水花来。曹雪芹在《红楼梦》中借主人公之口，说一篇文章或一首诗绝不可能一来就是金句，一定要有前面的铺垫，才能让之后的高潮部分更有惊喜之感。

南宋·赵伯驹《宋滕王阁宴会图》（局部）

当他写到"落霞与孤鹜齐飞，秋水共长天一色"这被后世之人奉为千古绝唱的一句时，都督的心里也忍不住叫好。

"关山难越，谁悲失路之人；萍水相逢，尽是他乡之客。"都督越看越震惊。

接着话锋一转，由景及人，王勃文中开始写屡被命运捉弄却不怨所处环境，且依然志存高远的自己：

时运不济，命途多舛。冯唐易老，李广难封，屈贾谊于长沙，非无圣主；窜梁鸿于海曲，岂乏明时？所赖君子见机，达人知命。老当益壮，宁移白首之心；穷且益坚，不坠青云之志。

都督看到这里，默默地安慰他的女婿：还是别比了，这篇文章已经没有可以超越的地方了。

公元 676 年，王勃在交趾县看到了生活困窘的老父亲。不久后，王勃踏上归途，此时正值盛夏，南海风急浪高，王勃不幸溺水，惊悸而死，年仅二十七岁。

"朝闻道，夕可死矣。"当王勃能够与自己的人生握手言和，能够心平气和地看待自己所遇波折的时候，也就意味着这位"谪仙人"渡劫成功，他的人生也就此完结了。

滕王阁

滕王高阁临江渚，佩玉鸣鸾罢歌舞。
画栋朝飞南浦云，珠帘暮卷西山雨。
闲云潭影日悠悠，物换星移几度秋。
阁中帝子今何在，槛外长江空自流。

王勃的简历

- **籍贯**
  山西河津

- **生卒年**
  公元650—676年

- **荣誉称号**
  "初唐四杰"之首

- **职场经历**
  朝散郎：十六岁上任，成为大唐最年轻的公务员；
  沛王府修撰：因为老板斗鸡，帮老板加油，没想到惹了老板的爸爸，被辞退；
  虢州参军：因为藏匿并杀害罪犯被辞退。

- **成就事件**
  一篇《滕王阁序》被誉为"千古第一骈文"。

- **自我评价**
  谁想做天才呢，如果处处倒霉……

- **主要作品**
  《送杜少府之任蜀州》《滕王阁序》等。

杨炯

从未去过边塞的边塞诗人，
"愧在卢前，耻居王后"

他是官方颁布证书的"神童"，他是没有上过战场的边塞诗人，他是"初唐四杰"里心有不甘的"千年老二"。

杨炯，出生于公元650年，华州华阴（陕西省渭南市）人。大家都知道杨炯和王勃、卢照邻、骆宾王并称"初唐四杰"，却不知这"四杰"里神童辈出，可以凑齐一桌斗地主：七岁咏鹅的骆宾王自不必说；六岁作诗、十六岁就及第的王勃，是典型的"别人家的孩子"；还有一个，就是杨炯，而且杨炯还是三人中唯一拿到"官方神童认定证书"的。

话说唐代科举，专门有一门童子科，面向十岁以下的聪明孩子。十岁那年，杨炯擦着年龄的门槛，顺利登科，享有进入弘文馆学习、备考科举的特殊待遇。备考路漫漫，不像同龄人王勃那样顺利，杨炯并没能一步就踏入仕途，而是拿着"爱的号码牌"，陷入了长达十六年的候补等待。等待中，杨炯为自己加油打气，写下了《青苔赋》，告诉自己：再等等，再等等，将来一定会有出路的！

公元676年，二十七岁的杨炯终于如愿，通过了一场选拔"非常之才"的

清·徐方《出征图轴》(局部)

制科考试,获得了秘书省校书郎的职务。长达十六年的等待,得到的只是校对、整理图书的九品小官,而且这个小官一做就是六七年,一直没有升迁的机会,对此,杨炯自然是不满的。可惜杨炯出生太早,没能听到"牢骚太盛防肠断,风物长宜放眼量"的劝告。

满腹牢骚的杨炯,洋洋洒洒,开始了他文人式的吐槽,创作《浑天赋》,赋中从古人的不被赏识说起,暗指自己相似的尴尬境遇。

同样创作在杨炯九品任上的,还有一首《从军行》,诗的最后两句更是千古名句。

烽火照西京，心中自不平。
牙璋辞凤阙，铁骑绕龙城。
雪暗凋旗画，风多杂鼓声。
宁为百夫长，胜作一书生。

公元679—681年，吐蕃、突厥曾多次侵扰今甘肃一带，这一带常有战火。虽在京城之内，不能亲赴战场，但杨炯凭借浪漫的想象与疏放的文笔，勾画了一位投身边塞、参加战斗的爱国士兵形象：战火映照到了西京长安，战事紧急，士兵心中有一股愤愤不平之气。兵符刚离开皇宫，士兵们便迅速出击，直捣黄龙。大雪褪了军旗的颜色，大风混合着行军的鼓声，好男儿一腔热血，迎难而上。写至此，杨炯直抒胸臆，大喊道：我真想做一名战士去为国冲锋陷阵，也好过坐在书斋里满是烦忧却没有办法呀！

明末清初的唐汝询在《唐诗解》中以为，这首诗也是杨炯用来发牢骚的。不过，一口气读下来，我们只能感受到书生想要投笔从戎的热血激情和赴身疆场的英勇无畏，哪里会有对大唐重视武功而忽视书生的埋怨？诗人想要投身疆场的心是真诚的。如果把这首《从军行》看作牢骚之作，要么就是品评人的格局实在太小，要么就是陷入了知人论世而轻视作品本身的沼泽之中。虽然没有真正投身战斗，但杨炯的边塞诗写得恢宏大气、浪漫瑰丽、催人奋发，读完之后能唤醒无数男儿的报国之心。

平凡的日子依旧如水流过。公元681年，三十二岁的杨炯终于迎来了他生命中的贵人——薛元超。薛大人人狠话不多，直接推荐杨炯为崇文馆学士，于是杨炯摇身一变，成了八品官。第二年，杨炯便被提拔为太子的身边人，成为弘文馆学士。杨炯还是很礼貌的，很上道地给薛大人送上了《庭菊赋》，赞美他有如菊花的高洁。

除了本分的礼貌，杨炯的犀利并没有减少。这么多年终于等来咸鱼翻身，撑人不留情的杨炯再度上线，开始激情发言，比如给他的同事们起了个外号——麒麟楦。有个好奇宝宝听到这个名词，觉得新鲜，还上赶着来问杨炯，"麒麟楦是啥"。杨炯立马化身热心市民开始解释:"现在有玩麒麟戏的,做了一个麒麟皮,盖在驴身上,看起来好像和麒麟一模一样。其实去掉那张皮,还是一头驴!"怕同事们听不懂,他温馨地补刀一句,"你看这些伙计穿着的朱紫色的朝服,不就和那麒麟皮一样,等脱去了这一身皮,嘿嘿,不还是一头驴?"杨炯不由得为自己的回答鼓掌。靠着这番真诚的解答,杨炯成功失去了人缘,以及有小伙伴帮忙的光明未来。

朝堂上的风起云涌,牵动着每一顶乌纱帽。之前我们说过,提拔杨炯的那位贵人薛元超是个狠人物。武则天就十分忌惮薛大人,虽然心馋皇位,但是一直没敢轻举妄动。直到公元684年,薛大人一去西天,武则天立马活动起来。同年九月,杨炯的堂弟也跟着活动起来。不过,他是和武则天唱反调的,他大喊的是"打倒武则天"。最终,杨炯的堂弟败了,还牵连到了京城的杨炯。公元686年,三十七岁的杨炯结束了在长安二十六年的安定生活,被贬到四川梓州。

生活还是重挫了杨炯的锐气,磨平了文人高傲的棱角。历经同事排挤、远放

明·吴伟《流民图》(局部)

贬谪之苦的杨炯，向现实弯了腰。

公元690年，杨炯任期结束后回京城述职，被武则天安排和宋之问一起执掌内教，两人之后也有往来。这时杨炯虽然内心对武则天的专权很是不满，还是低下头颅，违心地捧上《盂兰盆赋》，大赞女皇，称她为"圣神皇帝"。恃才傲物的少年，活成了他当初最讨厌的模样。

一篇文赋，让武则天稍微减少了对杨炯的敌意。于是在公元692年，女皇大手一挥，让四十三岁的杨炯赴浙江盈川任县令。出发之前，好友张说——未来的宰相，前来为杨炯送行。告别之前，张说语重心长地告诫他：不要恃才傲物，施政不要过于严苛。杨炯非常感动，紧握着他的手重重点了点头。

上任之后，杨炯爱护百姓，惩治滥征苛捐杂税的行为，抑制土地兼并，改善民生。不过，他对豪强与吏员非常严苛。史书上就有记载："炯至官，为政残酷，人吏动不如意，辄榜杀之。"

任职不到一年，盈川县就遇上了极其严重的旱灾，百姓颗粒无收。杨炯十分

着急，于是亲自带领百姓去求神拜佛，祭奠龙王，但都无济于事。面对着吃树皮、啃草根，却还是避免不了被饿死的盈川百姓，杨炯痛心无比，不由得仰天长叹："枉我满腹才能，却无力救助百姓。"据传，内疚之下，他跳下了盈川潭。

公元692年，杨炯四十三岁，死于盈川。据说当晚电闪雷鸣，暴雨如注，干旱因此缓解，百姓因此得救。盈川百姓为了纪念他的恩德，建了一座杨炯祠，世代为之供奉香火。

回顾杨炯的一生，有点高开低走的意思。年少出名张扬，面对时人对"四杰""王杨卢骆"的排名，曾大呼"愧在卢前，耻居王后"，既有面对前辈卢照邻的谦虚，更有认为自己不比同龄人王勃差的自信。少年骄傲，自然不愿做这"千年老二"。正是他和王勃一起大刀阔斧，在诗风上把宫体诗从台阁直接拽到边塞，拽到大漠，拽到祖国的名山大川，摆脱了上层诗坛的平庸与无聊。杨炯用自己的五律，发出了边关将士的怒吼："宁为百夫长，胜作一书生。"在格律上，杨炯接续了前人的薪火，促进了初唐诗逐渐律化、声韵和谐的发展趋向。

这个少年也因为他的孤傲，半生失意。在经历磨难后，他终于懂得向现实献媚；但他眼里容不得沙子的孤高还在，那个不曾征战沙场的少年郎的热血难凉。于是在盈川任上，对于百姓，他仍怀抱"爱民如子"的赤子之心。虽半生失意，但杨炯用一颗为民的赤诚之心，在盈川这一个小县城里，完成了人生中最为耀眼的生命绝响，后人也称他"杨盈川"。杨公祠的对联，是百姓对他赤诚之心的真诚回应：

当年遗手泽，盈川城外五棵青松；
世代感贤令，泼水江旁千秋俎豆。

杨炯的简历

- **籍贯**
  陕西华阴

- **生卒年**
  公元 650—693 年

- **荣誉称号**
  官方认证的"神童","初唐四杰"之一

- **职场经历**
  秘书省校书郎：等了十六年，没想到是个小秘书，心中不爽，好在很快升职；
  太子詹事司直兼弘文馆学士：上级是太子，有名声也有前途，因为亲戚犯事被外放到梓州当司法参军；
  执掌内教：掌管教习官人书算之类的工作，对武皇极尽溢美之词，终于被领导注意；
  盈川县令：勤政爱民，绩效满分，深受老百姓爱戴，死在任上，但也因对官吏、豪绅甚为苛责，落了个"酷吏"的名声。

- **成就事件**
  十岁童子科应试成功，得到官方认证的"神童"称号；
  一生未到过边塞，却开辟了初唐边塞诗的新风潮。

- **自我评价**
  王勃排在我前面，不服！

- **主要作品**
  《从军行》《战城南》等。

宋之问

律诗奠基人，
才学是真的高，人品是真的差

他是确立唐诗格律的著名才子，却也是见风使舵的真小人。他的人品不值一提，他的诗作在文坛却不能不提。

宋之问，大约出生在公元656年。出身虽然算不上显赫，但是他老爹给的家教还是很到位的。宋之问的老爹宋令文能文能武，力大如牛，颇有侠气，年轻时有徒手制服疯牛的英勇事迹。他生的三个儿子也都很给力，都从老爹身上继承了一个长处，凑成了宋家的"吉祥三宝"：最小的儿子宋之悌继承了老爹的大力绝学，二儿子宋之逊写字顶呱呱，而老大宋之问则是文采斐然，和沈佺期并称"沈宋"。

公元675年，宋之问二十岁，刚跨进科考大门就开挂了，直接进士及第。唐朝有句话说"三十老明经，五十少进士"，就是说，进士极其难考，哪怕五十岁能考上进士，都算很厉害了。可是宋之问仅仅二十岁就面向官场的康庄大道，昂首挺胸地走了过去，实在是人生得意。

宋之问开始当官的时候，还是唐高宗李治在位之时。但那时的实权已经在武则天手里。武则天为了把权力牢牢掌握在自己手里，选择重用寒门子弟。宋之问碰巧就站在风口上了。有人说，站在风口上，猪都会飞起来，更何况这只"猪"，本来就很有想法呢。

宋之问刚走上仕途后不久，便因为自身才名，被分配到了文学馆任职。同时被调到文学馆任职的，还有"初唐四杰"之一的杨炯。能和大佬做同事，可见宋之问自身实力也是可以的。宋之问仕途的第一步，稳了。

迈好天才的第一步，下一步的顺利升官便显得水到渠成。在文学馆待了一段时间之后，宋之问被授予洛州参军的职务。

公元681年，宋之问二十六岁，还是和杨炯一起，被调入崇文馆担任学士。崇文馆是太子读书的地方。所以，宋之问的这次调动，等于是被调去给太子做讲师。以后太子成为皇帝，这不就是很明朗的前途一片大好？

但要说宋之问清醒，他倒也很清醒。认识到太子能不能上位还不一定，宋之问选择当下紧紧抱住武则天的大腿。

公元690年秋，武则天称帝。宋之问内心的狂喜，从他的殷勤行为上可见一斑。投其所好，狠狠攻略，文人清高的毛病，在宋之问这边，完全看不着。

宋之问把自己的好口才毫不浪费地用在拍马屁上，这马屁拍得可谓清新脱俗，自古无双。他几乎捧着武后的鞋子，跪着对她唱："姐，你是我的女王，你是我的神。"而这种曲迎奉承，也是有收获的。十五年里，宋之问从九品小官，一跃成为五品学士。

宋之问紧贴着武则天站队，所以他的人生高光时刻，也和他的"女王"密不可分。第一件大事，就发生在洛阳龙门。那天女皇心情很好，让大家作诗。作诗最好的一位，大大有赏。当时东方虬的诗作得又快又好，女皇十分满意，开口便赐锦袍一件。就在东方虬已经穿上这身荣耀，内心正冒粉红泡泡的时候，宋之问亮出了他的《龙门应制》。"应制"就是按照皇帝的命令写诗，相当于"命题作文"的意思。宋之问对这种命题作文，可谓信手拈来，最后一句"吾皇不事瑶池乐，时雨来观农扈春"，直接升华主题，猛夸女王勤于政事。女王就是有原则，说一不二，觉得宋之问的诗更好，就直接让东方虬把锦袍给了宋之问。

武则天执政时期，宋之问极力做好一个"小尾巴"应做的一切，跟着武则天出游，甚至为了得到女皇的青眼，想出了不同寻常的法子——和武则天的男宠张氏两兄弟搞好关系，做他们写诗的枪手。

宋之问年少有为，可惜不知进退。在一篇递给女皇的诗里，宋之问露骨地表达了自己的心意，"明河可望不可亲，愿得乘槎一问津"。可惜女皇对这个比自己小二十岁的"中年老腊肉"并不感冒。宋之问想靠自以为的"青春"上位的梦想，就这么破灭了。后人评价起这首《明月篇》，认为写得是真不错，但是背后的事是真烂啊。

女皇也有老去的一天，武则天身体越来越差。宰相张柬之把握时机，发动政变，杀了女皇心尖尖上的人物——张家两兄弟，并且逼迫武则天还位中宗。这场政变，史称"神龙政变"。"神龙政变"后，李显二次登基，宋之问之前狂舔武则天还有张氏兄弟的行为，自然就触了新皇的霉头。公元705年，宋之问五十岁，被贬到了广东。

但宋之问的十八个心眼，个个那么活络，怎么会在广东安心待着呢？第二年春天，宋之问直接秘密逃离了广东。在逃回去的路上，写下了一首多年后我们依旧喜爱，每次回老家都会想起的诗《渡汉江》：

岭外音书绝，经冬复历春。
近乡情更怯，不敢问来人。

尤其是"近乡情更怯，不敢问来人"这一句，写出了多少游子忐忑复杂的心情。如果知道这首诗是他在逃亡路上写下的，你会不会觉得一下子索然无味了？

如果说通过之前狂拍领导马屁这件事，可以看出宋之问的些许小人样子来，那么听了下面这件事，是个人都得说一句：宋之问是真小人啊！

宋之问回到京城之后，恰逢他的两个朋友准备密谋除掉宰相武三思。宋之问毫不犹豫，卖友求荣，告密给武三思。之后他顺利升任鸿胪主簿，一顿操作一气呵成。至此，天下人是彻底看不上宋之问了。

清·庄璟《人物画册》(之一)

宋之问心理素质很强大，我行我素，开始了新一轮为皇帝歌功颂德"打Call"①。中宗也很吃这套，赏！于是"提拔三连"，他又晋升为考功员外郎。

宋之问在官场里摸爬滚打，极尽哄人的本领，都要让我们忘了他是个很有才的诗人。公元709年，在唐中宗的号召下，在昆明池边举办了一次百人诗会，会上的主要活动又是写应制诗——作命题作文，宋之问肯定觉得，这事儿他熟。但面对裁判上官婉儿，这个被神明指定可以称量天下，号称"眼睛就是尺"的

---

① 网络流行词，意思是加油打气、呼喊等，泛指为了支持某人某事而做出的应援行为。

女人，宋之问也不敢自信地说自己就是第一。

诗人们的诗卷纷纷从彩楼上被扔下。被扔下，就代表落选。在彩楼下拾到自己诗句的诗人，哀声一片。这时，只有两人的诗作还在上官婉儿的手里，一时之间，她抉择不下。

这两人，便是"沈宋"——沈佺期和宋之问。

神仙打架的魅力，不在于两人能力相当，而在于最后的一决高下。并列第一可没有意思。这一点，武则天懂，所以扒了东方虬的锦衣；"大唐第一裁判员"上官婉儿显然也很明白这个道理。众人都仰着头等待着，想看看究竟是哪位诗人更胜一筹。

不一会儿，一张纸卷飘落。众人一拥而上，落下来的是沈佺期的。沈佺期表示不服。众人也想问个究竟。

上官婉儿说，沈佺期的结尾"词气已竭"，而宋之问的结尾"犹陟健举"，所以宋之问的诗更好。

原来两首诗的开头相差不大，无非写君主降临。可是结尾，两个人的差距就显现出来了。沈佺期写："微臣雕朽质，羞睹豫章材。"这是自谦之句，说自己资质平平，却能得到皇帝的喜爱，突然娇羞了一把。

宋之问的结尾则是打开格局，神来一笔——"不愁明月尽，自有夜珠来"。他说不必忧愁没有月光，因为天子驾临，自然能吸引报恩的夜光珠。这个报恩说来自汉武帝，他曾救过一条大鱼，后来在昆明池旁得到了一对夜光珠。这个掉书袋掉得可谓十分巧妙：地点对上了，是昆明池；主人公还对上了，暗戳戳夸新皇帝有如汉武大帝般英明神武；还表达了对未来的期待，我们都有光明的未来。整首诗不仅扣题，夸得皇帝心情舒畅，而且又有文采，宋之问不得第一谁得第一？

但是宋之问做人总是不如作诗那么到位。比如，不能收拾好上一家靠山的情绪，就火速"爬墙"。

韦皇后的小女儿安乐公主迷失在了宋之问不断的赞美中，成为宋之问的新一任"金主"。于是宋之问的上一任靠山太平公主有脾气了，在公元709年，把宋之问踢到了浙江绍兴去。

远离了朝廷，似乎就没有纷扰了。但看宋之问不爽已经很久的人，并没有打算放过他，还是忍不住要再补上几脚。京城又发生了政变，李旦即位，这次他让宋之问直接滚到广西去，眼不见心不烦。后来李隆基即位，觉得还是"死生不复相见"来得更彻底，直接赐死了宋之问。宋之问的前半生可以说是轰轰烈烈，不想最终落得一个如此仓促的结尾。

公元712年，宋之问五十七岁，死在了桂林。据说死前还是磨磨蹭蹭的，不大光彩。

后来关于宋之问的记载中，还有一箩筐破事。比如为了偷外甥刘希夷的一句还没发表的诗，"年年岁岁花相似，岁岁年年人不同"，直接在夜里把外甥给杀死了。具体细节已经考察不到，甚至这个案件里有不少疑点。但是谁让宋之问人品那么臭呢？一直以来也没有人试着为他翻案，大家都觉得，这事要放宋之问身上，也不是做不出来。

天才考生，年少有为。《旧唐书》上记载："之问弱冠知名，尤善五言诗，当时无能出其右者。"就是说他年纪轻轻就才气逼人。在诗歌创作史上，因为确立了律诗的形式，宋之问也算是留下了荣耀的一笔。但是一听到宋之问生前的那些破事，一想到这个诗人的人品，只能说，让人很难爱上。

《资治通鉴》里司马光评价一个人的德与才的关系时说道："才德全尽谓之圣人，才德兼亡谓之愚人，德胜才谓之君子，才胜德谓之小人。"宋之问是真有才情，可惜品德太差了，因而即使他的诗再好，我们也不肯多喜欢他一点。

记得当年年少，宋之问也曾有着最闪耀的羽毛，可惜他自己却没当回事。

羽毛美丽固然重要，但更重要的是要爱惜自己的羽毛。

宋之问的简历

● **籍贯**
　　山西汾阳（一说河南省灵宝）

● **生卒年**
　　公元656—712年

● **荣誉称号**
　　与沈佺期并称"沈宋"

● **职场经历**
　　崇文阁学士：同事是"大牛"，学生是太子，前途一片光明；
　　尚书监丞：抱紧老板大腿，升职嘎嘎快；
　　泷州参军：老板换人，被外派到分公司，日子很不好过，只能写点小诗；
　　鸿胪主簿：把同事出卖了，换得升职加薪；
　　考功员外郎：拍老板马屁，拍得不错，老板一高兴又给升职加薪；
　　越州长史：地方很偏，职位很小，想好好干的，但因为以前站错队被开除了。

● **成就事件**
　　完善五言格律诗体制，创造七言律诗新体，成为律诗奠基人之一。

● **自我评价**
　　我只是有才华，会写诗，凭什么说我在拍马屁！

● **主要作品**
　　《度大庾岭》《渡汉江》《途中寒食题黄梅临江驿寄崔融》等。

陈子昂

唐诗之祖，炒作天才，
谁懂一代"诗骨"的孤独？

他是地主家的"傻儿子"，是擅长炒作的"营销大师"，还是浪子回头实现逆袭的典型，从纨绔子弟一跃变成文坛大佬。

公元659年，陈子昂出生在梓州射洪，也就是现在的四川省。他出身于一个富裕的地主家庭，从小就是个纨绔子弟，每天游手好闲，带着小弟们走街串巷做街溜子。那时候的他是个妥妥的中二少年，不读书，只练武，想要仗剑走天涯。于是他每天"驰侠使气，至年十七八未知书"。

直到十八岁那年，陈子昂因为打架斗殴，击剑伤人，还差点搞出人命。家里人为了帮他摆平事儿，花了很多钱。陈子昂的老爹终于忍不下去了，生气地批评他，还拿别人家的孩子来当例子。他老爹说："你看看人家王勃，比你大不了几岁，虽然英年早逝，但是短暂一生留下超多锦绣文字；你再看看人家骆宾王，七岁就能咏鹅。而你的七岁呢，还在尿床，到了现在让你写个检讨书都写不好。"

陈子昂的老爹净拿一些命运坎坷的天才给儿子做榜样，这恐怕是他始料未及的一句谶语了。当时的陈子昂非常吃这一套激将法，他听了这番话以后，退出江湖，专心学习，准备参加科举。为了能让他有更好的学习环境，陈子昂的父母花大价钱把他送进了长安国子监学习。

一年后，陈子昂参加了科考，不过底子太差，再怎么进行魔鬼训练，结果都只能是落榜。陈子昂早已预料到结果，他回到家乡闭门谢客，继续复读，"数年之间，经史百家，罔不赅览。尤善属文，雅有相如、子云之风骨"。陈子昂也是个不折不扣的天才，读了几年书成绩就突飞猛进。

于是，公元682年，二十四岁的陈子昂进京赶考，这次他势在必得。但没想到又落榜了，陈子昂这下子傻眼了，他觉得这不应该啊。思考良久，他想到当时科考卷子上还没有糊名这一说，如果考生有关系有背景，或者说在文坛有名气，就会对评卷结果有很大影响。

陈子昂的家庭在四川是著名的土豪家族，但是在京城啥都不算，压根儿没有结识考官的门路，他只能去文坛搏一搏名气了。陈子昂一想，不就是名气嘛，容易！

于是公元684年，陈子昂在科考之前的半个月就来到了长安，精心策划了一场轰动京城的"营销事件"。这一天的闹市街头，有人卖一张古琴，要价百万，而且不还价，引来很多人围观，大家都不知道这琴凭啥值这么多钱。陈子昂看围观的人数已经差不多满足预期了，走过去瞄了几眼就说他买了，并当场结清账款。

围观群众直接惊呆了，没想到"地主家的傻儿子"会买下这张琴，便纷纷问起这琴到底好在哪儿。陈子昂神秘一笑说："明日此时，宣阳里大街现场弹奏，敬请光临。"当天大家奔走相告这件奇事，架势堪比当今自媒体平台上出现各类抓人眼球的爆款文章。

第二天，长安宣阳里大街万人空巷，大家都想看看这古琴到底有什么魅力，能够价值百万。在这样的场景下，陈子昂捧琴而出，开始给自己打广告，"蜀人陈子昂，有文百轴，驰走京毂，碌碌尘土，不为人知。此乐贱工之役，岂宜留心"，说完他摔碎了这张琴，然后开始在现场分发自己的原创诗文，人手一份。

这样的炒作让他即刻成为长安的热点人物，文坛对他好评如潮。长安府"人事部部长"王适读完都惊叹"此人必为海内文宗矣"。几天后，科举开考，陈子昂金榜题名，进士及第。此时唐高宗在洛阳病逝，武则天掌握大权，王朝交替之际，没有人管这些等待被安排工作的进士。

陈子昂等啊等，等到武则天准备将唐高宗的灵柩运回长安，他感觉自己的机会来了，先后写了《神凤颂》《上大周受命颂表》《谏灵驾入京书》等，一边吹捧武则天，一边给武则天提建议。

武则天看完这些文章非常高兴，作为一个惜才之人，她虽然没采纳陈子昂的建议，但还是给他安排并提携了官职，陈子昂一路被升为右拾遗，八品正科级。"拾遗"杜甫和白居易都做过，是个专门给皇上提建议的官。这个官职很适合陈子昂的个性，打小他就爱行侠仗义，只是小时候行侠仗义的武器是剑，长大后变成了笔。

武则天对陈子昂非常赏识，"数召问政事，言多切直"，双方直接就国家大事进行交流，陈子昂的很多意见被采纳，甚至被编进了律法，这导致陈子昂直接飘了。他觉得武则天是能虚心接受意见的开明之君，于是提的意见一个接一个。一下上书说武则天笃信佛教，不杀生，下旨"禁天下屠杀及捕鱼虾"，导致江淮饥民"饿死者甚众"，这种规定假仁假义，只有昏君想得出来。一下又抨击武则天任用酷吏，滥施刑罚，鼓励告密。陈子昂表示，不告密是做人的底线，应该立刻停止诛杀李唐宗室。

这些意见一个比一个尖锐，慢慢地，陈子昂不仅受到了武则天的冷落，更得罪了一大批权贵，周围的同事怕惹祸上身，也开始疏远他。人是群居动物，陈子昂背井离乡，来长安北漂，可是这里无一个知心朋友，当年同科上榜的进士，有的已经官至五品了，可是最早步入仕途的陈子昂，十几年来一直是八品的职务，再没有升迁过，也难怪他会感受到无比的寂寞与孤独。

公元696年，契丹叛乱。三十七岁的陈子昂再次找寻改变命运的机会，主动请缨以随军参谋的身份，同建安王武攸宜一起征讨契丹。武攸宜轻易出兵，导致前军全军覆没。陈子昂接连两次积极谏言，武将军大怒，把陈子昂贬为军曹。

去哪儿哪儿不行，干啥啥不顺。满怀忧郁的陈子昂登上了幽州台，睹物思情，写就一首千古绝唱：

登幽州台歌

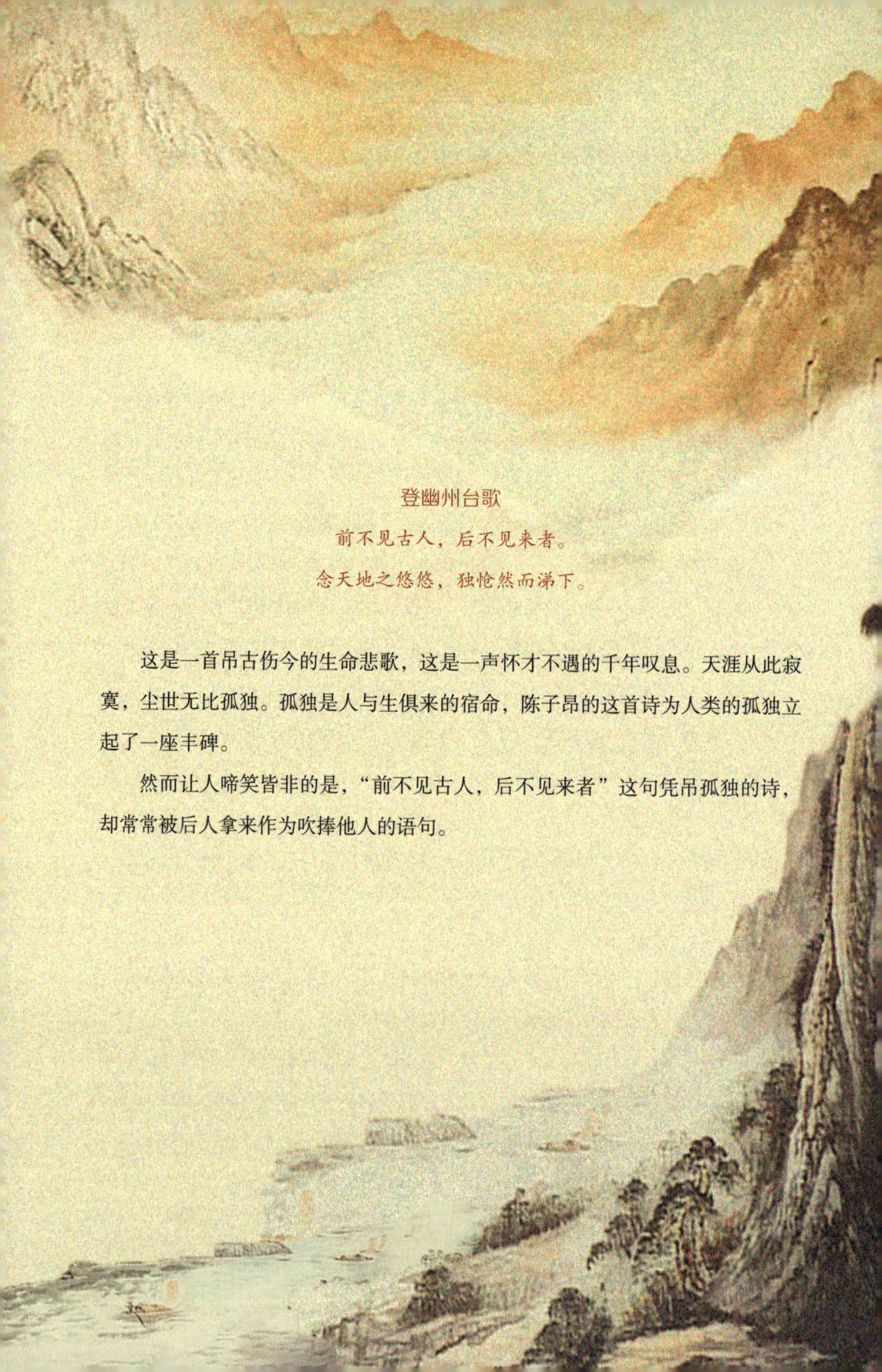

前不见古人，后不见来者。

念天地之悠悠，独怆然而涕下。

这是一首吊古伤今的生命悲歌，这是一声怀才不遇的千年叹息。天涯从此寂寞，尘世无比孤独。孤独是人与生俱来的宿命，陈子昂的这首诗为人类的孤独立起了一座丰碑。

然而让人啼笑皆非的是，"前不见古人，后不见来者"这句凭吊孤独的诗，却常常被后人拿来作为吹捧他人的语句。

公元 698 年，军队班师回朝，三等功都没混上的陈子昂万念俱灰，以父亲年迈多病为由，辞官回乡。朝廷连表面功夫都没做一下，没有丝毫的挽留，就应准了他的请求。陈子昂就此离开仕途，回到家乡四川，专心于文学创作，亦悉心照顾老父亲。可子欲养而亲不待，没多久，老父亲就去世了。屋漏偏逢连夜雨，陈子昂在任时得罪过不少人，这导致他在居丧期间被射洪县令段简抓捕入狱。

史料记载，"属本县令段简，贪暴残忍，闻其家有财，乃附会文法，将欲害之"。欲加之罪，何患无辞？段简给陈子昂家罗织了大段罪名。收集证据材料的时候，"子昂荒惧，使家人纳钱二十万，而简意未塞，数舆曳就吏"。即便拿了二十万给县令，结果人家还是把他抓进了监狱。

于是陈子昂在狱里给自己算了一卦，"卦成，仰而号曰：天命不佑，吾其死矣"。公元 702 年，四十三岁的陈子昂死于狱中。他的父亲如果在天有灵，能够看到这一切，会不会悔不当初，不该拿早夭的王勃同儿子做对比，应该"惟愿我儿愚且鲁，无灾无难到公卿"。

陈子昂继承了"初唐四杰"刚健的诗风，他彻底肃清了齐梁诗歌中绮靡纤弱的风气，影响了盛唐时期的李白、杜甫等很多诗人。

韩愈用十个字精准总结了陈子昂在诗坛上的功绩，"国朝盛文章，子昂始高蹈"。白居易更是将陈子昂和杜甫并列，"杜甫陈子昂，才名括天地"。元好问则在其《诗论三十首·其八》中，称赞陈子昂对诗坛的贡献堪比范蠡辅佐的平吴事业：

沈宋横驰翰墨场，风流初不废齐梁。
论功若准平吴例，合著黄金铸子昂。

是金子，总是会发光的。"炒作"于他而言，只是手段，在那个众星闪耀的大唐，他的才华足以让后来人仰望。

陈子昂 的简历

- **籍贯**

  四川遂宁

- **生卒年**

  公元 659—702 年

- **荣誉称号**

  "诗骨"

- **职场经历**

  右拾遗：热衷于给领导提建议，该说的说了，不该说的也说了，因为多嘴遭遇职场冷遇；

  随军参谋：申请调到军营后，依然热衷于提建议，可领导听不进去，还一意孤行，军功没捞到，反而落得个被牵连的下场；

  军曹：上升通道关闭，升迁无望，索性辞职，提前退休。

- **成就事件**

  策划"百万买琴"事件炒作，成功出圈，榜上提名；

  一首《登幽州台歌》道尽千古寂寞，被誉为"最孤独的诗"。

- **自我评价**

  我的雄心与壮志，谁懂啊谁懂？寂寞，千古寂寞啊！

- **主要作品**

  《登幽州台歌》、组诗《感遇》三十八首等。

贺知章

李白的伯乐，职场的"不倒翁"，
他是大唐最幸福的诗人

> 他是盛唐的开篇，是李白的伯乐。他以金龟换酒，自称"四明狂客"，也是杜甫诗中的"饮中八仙"之首。他是大唐最幸福潇洒的诗人，也是世人眼中的人生赢家。

公元 659 年，贺知章出生于越州，也就是现在的浙江杭州市萧山区。他家境殷实，加之又出生在贞观之治后十年，大唐经济发展，社会繁荣稳定，所以他顺顺利利地度过了非常快乐的青少年时光。

贺知章是被规规矩矩地富养出来的大学霸，才情不错，年少时就以诗文知名，但他也不算是天才，到了公元 695 年，他考上状元的那一年，已经三十七岁了。他是浙江历史上第一位有资料记载的状元，肩负着"全村的希望"来到了都城洛阳。

这一年是武则天证圣元年，表面看起来武周王朝如日中天，但是内里朝局非常动荡，一部分人选择跟随武则天，一些人则傍上武则天面首的大腿，还有一些人觉得武则天迟早会老去，所以策划着李唐王朝的复辟。

作为一个新科状元，贺知章是有资格去参加这场站队，去参加这场风险伴着收益的豪赌的。但他或许拎得清自己几斤几两，除了状元这个身份他一无所有；或许是因为他无意做大做强向上发展，"年纪轻轻"就想当条"咸鱼"开始养老；也或许是因为他读尽史书，知道在宦海沉浮、朝廷斗争里难有赢家。总之，他远离了纷纷扰扰的朝局中心，去做了一个无人问津的大学讲师，平时教教书、做做学术研究之类的工作。

日子一天天过去，朝廷中各位才子们正上演着你方唱罢我登场的剧目，只有"透明人"贺知章，不管皇帝姓李还是姓武，不管哪派得势，他都雷打不动地按时吃饭、睡觉、教书、做学术研究。乱哄哄你方唱罢我登场，反认他乡是故乡。甚荒唐，到头来都是为他人做嫁衣裳。

果不其然，在风云莫测的朝政变化中，力挺李唐宗室的骆宾王亡于战火，讨好面首的宋之问遭到清算，得罪武氏的陈子昂被迫害致死，见风使舵的上官婉儿被斩于剑下，只有贺知章岿然不动地挨到了开元盛世。

唐朝的退休制度是七十岁离职，贺知章本可以平平稳稳离职的，但是命运还是要给他安排一首小插曲，让他的人生略微有点起伏。他在六十岁的时候开始时来运转，一大把年纪的"职场小透明"突然青云直上，一个官职一个官职地往上爬。在他担任礼部副部长，也就是礼部侍郎的时候，负责着选挽郎的工作。

什么是挽郎呢？大概可以理解成哭丧。哭丧在我们现代人眼里看起来好像不是个很体面的工作，但是在重视礼制的古代，哭丧是个很重要的活儿。凡是有王室成员去世，都要在官宦子弟里挑选一批人担任挽郎，然后由礼部统一教学，教他们怎么走、怎么哭、怎么唱挽歌。最后还要比赛，以确保选出一批形容悲戚、步履沉重、音调哀远的中国好挽郎。

年轻的官宦子弟争着做挽郎还有一个很重要的原因，做挽郎是进入体制内的一个重要途径，历朝历代想当官员的话，要么靠科举上来，要么立军功，要么走终南捷径，要么就是做挽郎。所以《世说新语》才记载了这么一个场面"（南朝宋）武帝崩，选百二十挽郎，一时之秀彦"。

恰逢申王病逝，贺知章做了这么一个吃力不讨好的活儿。僧多粥少，难平众意,很难做到让大家都满意。于是就有人举报贺知章在选举挽郎的过程中行贿受贿,徇私舞弊。于是一群家属和候选人围堵在贺府进行抗议。场面之宏大,一时无两,哪怕房玄龄遇到这种场面都得避避风头。

可没经历过大场面的贺知章在围墙上搭了个梯子,把头探出墙,和群众有一说一有二说二地真诚交涉。但是公说公有理,婆说婆有理,这件麻烦事怎么也扯不清,没多久就传到了皇帝耳朵里。皇帝很生气,觉得贺知章这种老夫子,终究做不来人情练达的活儿,最后还是派贺知章去给太子做老师了。

此时的太子是唐玄宗的次子李瑛,贺知章给太子陪读了十几年,直到李瑛死于朝廷斗争。换了个太子李亨,就是后来的唐肃宗,贺知章继续给太子当老师,而且还升官做了正三品的太子宾客,并且挂了很多其他很闲的官职,这些闲职有名誉、有身份、有俸禄,却没什么重活、累活、危险活,很能实现贺知章的养老愿望。这样回头看来,贺知章办砸选挽郎的事情,很难说不是因为深明朝政之复杂,所以假装糊涂,故意为之,避免慢慢进入朝廷中心的趋势,从而达到明哲保身的目的。

处于养老状态的贺知章毫无政治抱负,他对盛唐最大的功绩是发现了李白这个天才。天宝初年,李白来到长安。在紫极宫里,他们两人相遇了。在这里,贺知章不认识李白这个无名小卒,但是李白认识这位以豪放著称的有趣老头贺知章。李白脸皮厚,上去就开始自我介绍,然后还递上了自己的一首诗《乌栖曲》,贺知章看了感慨这个后生用词还挺狂。李白又趁热打铁送上了自己的《蜀道难》:

> 噫吁嚱,危乎高哉!
> 蜀道难,难于上青天。
> 蚕丛及鱼凫,开国何茫然。
> 尔来四万八千岁,不与秦塞通人烟。
> 西当太白有鸟道,可以横绝峨眉巅。
> 地崩山摧壮士死,然后天梯石栈相钩连。
> ……

贺知章连呼："好家伙，你是太白金星下凡吧？"李白"谪仙人"的称号就此叫响。

贺知章晚年有三大爱好，喝酒、写字、作诗，喝酒居首位。李白爱喝酒更不必说。两个酒鬼一相遇，必然一见如故，而成为忘年交的前提，自然是去喝一顿酒。贺知章临时起意，随从也没带，就拉着李白去酒肆喝酒，坐下以后他才想起自己没带钱，于是他直接解下了腰间的金龟袋，拿去换了酒钱。金龟袋是唐代三品以上官员的官方饰品，贺知章眼睛都不眨地拿它换钱喝酒，这种潇洒的态度很难不影响李白。后来李白在《将进酒》中高呼"五花马，千金裘，呼儿将出换美酒，与尔同销万古愁"。他的醉眼和愁绪里，隐隐约约飘荡着贺知章金龟换酒的影子。

贺知章不但是李白的知己，还是他的伯乐，正是贺知章推荐李白走进了朝廷。公元744年，也就是天保三年，贺知章辞职回乡。眼前是故乡的镜湖清波，身后是大唐的盛世骊歌，八十六岁的贺知章，在阔别故乡近五十年之后终回故

元·任仁发《饮中八仙图》（局部）

明·萧云从《秋山行旅图卷》（局部）

土。村口的垂柳虽粗壮许多，但它仍如当年一般"万条垂下绿丝绦"，迎面跑来一群小娃娃看着眼前这位衣着整洁，一看就不像每天下地干活的老爷爷，七嘴八舌地问起贺知章的来历。

此情此景，贺知章忍不住随口吟诗一首：

回乡偶书

少小离家老大回，乡音无改鬓毛衰。

儿童相见不相识，笑问客从何处来。

词句间装满了贺知章暮年回首时的沧桑之感。这首诗或许有一丝悲凉，但不完全都是悲凉。贺知章这一生平顺，他没有体验过杜甫的苦，也不太在乎官职的升迁，处于一堆满怀壮志、光芒闪耀、善于表达的才子之间，他显得那么默默无闻，只是勤勤恳恳上好该上的班，做好朝廷的螺丝钉，恰如平凡的我们。"儿童相见不相识，笑问客从何处来"，这句诗于他不过是一句自我调侃的幽默话。

同年，贺知章病逝，享年八十六岁。公元758年，唐肃宗，也就是当年他教过的太子李亨追封他为礼部尚书。

贺知章的一生看重生活甚于工作，对于无可改变的现实他难得糊涂，除了做好分内的工作，剩下的时间践行吃酒、写字、作诗的爱好。李白曾为他写就一篇送别诗：

送贺宾客归越
镜湖流水漾清波，狂客归舟逸兴多。
山阴道士如相见，应写黄庭换白鹅。

在李白的诗中，昔日好酒的贺知章已然"尘归尘，土归土"，可一想到昔日金龟换酒的时光，却依然泪湿衣衫。也许，他那豁达有趣的灵魂，才是令上至君王下至布衣的昔日故交时时想起的根源。

贺知章的简历

- **籍贯**

  浙江杭州

- **生卒年**

  公元 659—744 年

- **荣誉称号**

  "四明狂客","吴中四士"之一,"饮中八仙"之一

- **职场经历**

  国子四门博士升职为太常博士:搞学术我是认真的;

  礼部侍郎:天天为哭丧人选操心,却还被人举报,老板劝退,正合我意;

  太子右庶子升职为太子宾客:给太子当老师,这可是个有名声的好活;

  银青光禄大夫兼正授秘书监:担任"国家图书馆馆馆长",负责图书收藏和编校,是个有趣的活。

- **成就事件**

  李白的伯乐,太子的老师;擅长书法,尤其是草隶体。

- **自我评价**

  金龟换酒忘年交,醉卧盛唐好时光,挖掘李白这事儿,就够吹一辈子!

- **主要作品**

  《咏柳》《回乡偶书》等。

上官婉儿

从女奴到女相，
她的每一步都游走在大唐的政治旋涡

> 她是武则天的"首席秘书"，她是太平公主的好闺蜜，从卑微女奴到权倾一时，她的成败写满了争议，但"才女"的标签无可争议。

公元664年，上官婉儿出生于唐朝宰相上官仪的家中，凭着祖父上官仪的地位，上官婉儿的人生本该是一帆风顺的。可万万没想到，上官婉儿出生不到一年，还没享受到"小公主"的待遇，祖父上官仪就因参与废除武后的阴谋而被当众斩首。上官婉儿也算是幸运的，虽然作为罪臣之后，襁褓之中就经历抄家灭门的变故，但她和她的母亲最终幸免被杀。

就这样，上官婉儿与母亲郑氏开始了在宫中当奴婢的生活。可以想象本是相府少奶奶的郑氏，突然从天堂坠入地狱，内心是多么地煎熬。但好在郑氏对上官婉儿从小悉心教导，教她唱歌、弹琴、写诗、作赋，用尽浑身解数将自己的全部所学都教给唯一的女儿。

在母亲的精心培育下，上官婉儿十四岁就写出了震动整个大明宫的诗《彩书怨》：

叶下洞庭初，思君万里馀。
露浓香被冷，月落锦屏虚。
欲奏江南曲，贪封蓟北书。
书中无别意，惟怅久离居。

她以闺中思妇的口吻，抒写了思念丈夫的急切心情。就是这首诗让武则天看到了这个毫无存在感的小婢女，当即召见了上官婉儿，给了她一个面试机会。婉儿心里也明白：一定要抓住这次机会拿下Offer（录用通知）呀！

上官婉儿一露面，就以出众的相貌和不俗的谈吐让那位不可一世的天后啧啧赞叹。武则天还当场出题让她即兴作诗。上官婉儿思考片刻后，便有了这首《奉和圣制立春日侍宴内殿出剪彩花应制》：

密叶因裁吐，新花逐剪舒。
攀条虽不谬，摘蕊讵知虚。
春至由来发，秋还未肯疏。
借问桃将李，相乱欲何如。

这可让武则天对这个小姑娘更加刮目相看了，毫不吝啬地当众表扬。武则天仿佛在这个十四岁的小姑娘身上看到了自己昔日的影子，于是她当即下令解除上官婉儿的奴婢身份，让她负责起草各种报告，并给了她一个"才人"的名分，名义上是唐高宗的妃嫔，说穿了就是武则天自己的私人秘书。

这是上官婉儿命运转折的开始，也是她成为一代女相的起点。

虽然武则天是她的"杀父仇人"，但也只有武则天真正懂她、赏识她，因此在政务上，上官婉儿一直忠于武则天，她也迅速成为武皇后身边最受信任、最得力的左膀右臂，甚至可以批阅奏章。很快，武则天发现，自己已经离不开这个得力干将了，就这样，上官婉儿顺利地进入了国家权力中心，逐渐成为连朝廷重

清·冷枚《美人图》

臣和皇亲国戚都得给面子的"秘书"。

从公元 655 年到 684 年，武则天用了将近三十年的时间与太子们斗法，最终一步步将李忠、李弘、李贤一个个罢除。据说，武则天曾派上官婉儿去做太子李贤的伴读，想让婉儿监视太子的一举一动，没想到两颗年轻的心一碰撞，二人很快就双双坠入爱河。可造化弄人，公元 680 年，武则天废掉了太子李贤，并让婉儿亲手写下诏书。

公元 690 年，大周女皇武则天顺利登基，称"圣神皇帝"。上官婉儿还是继续在武则天身边担任着重要的职务，但是意想不到的事情发生了，上官婉儿和武则天最宠爱的"小鲜肉"张昌宗勾搭上了，二人眉来眼去，很快就被武则天逮个正着。被最信任的人背叛，相信杀伐果决的女皇肯定不会容忍。但在最后一刻，武则天想起了往日的点点滴滴还是心软了。上官婉儿虽然逃过了死劫，却被人用刀在额头上留下了一道深深的疤，可她反而在伤疤上画了一朵梅花，变得更加妩媚了。

这件事差点要了上官婉儿的命，对她来说肯定是个惨痛的教训，再怎么动心，也不能去挖领导的墙角！

光阴流逝，不知不觉中，又过了几年。公元 695 年，武则天登基的第五年，她派上官婉儿和侄子武三思一起修改周史，为自己歌功颂德。在此期间，上官婉儿凭着自己的博学，给武三思提供了很大的帮助。他们一个是女皇的私人秘书，常常陪侍在武则天身旁；一个是承姑母恩赐离开蛮荒之地的侄子，需要时常进宫报备，讨姑母欢心。两个有着相似经历的人开始抱团取暖，很快就定了私情，但这羸弱的关系根本禁不住现实的考验。上官婉儿也逐渐意识到，这个朝夕相处的老太太毕竟已年过八旬，垂垂老矣，可此时朝堂上早已危机四伏。在这种情形下，与其在一棵树上吊死，不如找一个可靠的下家。

公元 705 年，宰相张柬之联合李唐旧部，拥立太子李显复位，是为唐中宗，武则天只能被迫退位。当唐中宗大权在握时，上官婉儿又和中宗恢复了亲密关系，中宗不仅让她继续起草诏令，还封她为"昭容"。此时的上官婉儿已经四十二岁，终于在武则天的重用下学成毕业了。

但她发现，二度登帝的中宗仍旧是个傀儡，真正的掌权人是他背后的女人韦后，于是上官婉儿又将目标转向韦后。在那个权衡利弊的风口浪尖，她可以抛弃武则天，也照样可以抛弃唐中宗。聪明的上官婉儿想到韦后年轻的时候就对武三思有好感，于是就将自己的老情人武三思引荐给了韦后。果然，韦后一看到武三思，眼里就开始嗖嗖放电，韦后和上官婉儿就这样成了一条绳上的蚂蚱。在此期间，上官婉儿就一直撺掇韦后效仿武则天。

但幸运女神并没有一直站在上官婉儿这一边。公元710年，唐中宗被韦后和安乐公主合谋杀死，韦后急不可耐地想要学武则天当女皇帝，却忘记了朝堂还不稳定。上官婉儿可不想跟着她翻车，于是暗中倒戈太平公主。在太平公主和相王李旦的联手打击之下，韦后很快就败下阵来。然而这时候，意外发生了。上官婉儿拿着自己与太平公主拟定的遗诏，迎接李隆基的到来，但是这一次她打错了算盘。面对上官婉儿的主动示好，李隆基坚持认为她是韦后的党羽，并下了"必杀

五代十国·周文矩《五代南唐仙姬文会图》（局部）

令"。就这样,一代才女香消玉殒,死在了四十七岁那年。

中唐诗人吕温感慨之下写了一首《上官昭容书楼歌》,也算是对上官婉儿这位传奇人物作了全面的评价,诗中有这么几句:

> 汉家婕妤唐昭容,工诗能赋千载同。
> 自言才艺是天真,不服丈夫胜妇人。
> ……
> 有人买得研神记,纸上香多蠹不成。
> 昭容题处犹分明,令人惆怅难为情。

其中一句"不服丈夫胜妇人",可以说是对上官婉儿一生最大的肯定。生而精彩,死又何惧呢?

上官婉儿的简历

- **籍贯**
  甘肃天水

- **生卒年**
  公元664—710年

- **荣誉称号**
  巾帼宰相,"玉簪花神"

- **职场经历**
  才人:听着像老板的秘书,其实是老板娘的贴身秘书;
  昭容:老板娘退位了,被新老板赏识,给新老板写写材料;
  婕妤:母亲去世,自己请求老板降职,不过,职位还是公司高层;
  昭容:在公司站错队伍,工作被新上任的CEO炒了,还丢了性命。

- **成就事件**
  史上第一女宰相,独创红梅妆,引领大唐潮流新风尚。

- **自我评价**
  我就是女王,自信放光芒!

- **主要作品**
  《彩书怨》《游长宁公主流杯池二十五首》《由巴南赴静州》等。

张九龄

出身偏远山区，逆袭成为唐朝明相，
当真"岭南第一人"

他是偏远山区走出来的宰相，是一花引来万花开的文坛领袖，还是带着"开元盛世"入土的人。

公元 673 年，唐高宗咸亨四年，张九龄出生在岭南韶州曲江。在宋之问等大多数人眼里，那是个"度岭方辞国"的地方，对他们来说，大庾岭之南太过蛮荒，所以算不上是大唐帝国的地盘。

那时候的岭南等同于现在的偏远山区，但张九龄的家族可是山沟沟里"鸡头"一般的存在。他的祖上是官宦家族，尽管都是县令、参军一类地方上的小官，但在岭南地区，这样的家世已经是首屈一指的了。他的从叔张弘矩还曾在科考中明经科登第，实现了韶州从 0 到 1 的突破，这对整个岭南地区而言都是一件非常了不得的大事。

良好的家世和文化环境让张九龄兄弟几人都饱读诗书，尤其是张九龄，幼聪敏，善属文。十三岁就能写出好文章给广州刺史王方庆，王方庆大力称赞他说"此子必能致远"。果不其然，二十岁的张九龄就读完了家中藏书，并且通过乡试，然后操着一口浓重的岭南腔的官话赴京赶考。

当时的科考录取有"先两监而后乡"的规则，简单来说就是优先录取洛阳本土人士，优先录取国子监这类高校里的学子。而张九龄生于贫瘠之乡，学于边远之地，按道理来说，这样的外地乡贡考生很不占优势，但是因为张九龄诗文俱佳，实力了得，主考官沈佺期让这个"岭海孤贱"进士登第了。这一年是公元702年，武则天长安二年。

可惜沈佺期得罪了人，别人诬陷沈佺期，说他收了张九龄家族的好处，徇私舞弊，把天子门生应得的进士位置给了张九龄，沈佺期因而遭到贬谪。他这一贬谪，这一届考生都受到了牵连。大城市太复杂，张九龄这个乡里来的小子无奈之下，只能收拾行李回了村。

在村里他认识了被流放到岭南的宰相张说，张说读了张九龄的文章，直夸他的文章"有如轻缣素练"，能"济时适用"，所以"一见而厚遇之"。张说是他的伯乐。当时的张九龄可没想到，未来自己会因为张说被提拔而在仕途上平步青云。

官场上的形势瞬息万变，你方唱罢我登场。几年后发生"神龙政变"，武则天病逝，武周王朝瓦解，李唐宗室光复，唐中宗李显再次登基。为显示皇恩浩荡，朝廷把因沈佺期而受牵连的那届考生全部召回来，换个主考官进行复试。这一年是中宗神龙二年，公元706年，张九龄三十四岁。收到通知后的他打包干粮，再次进京赶考。不出所料，他轻轻松松地通过了次年吏部的才堪经邦科，被授予校书郎一职。

校书郎是基层公务员，混来混去没什么前途的那种。张九龄待了五年没有得到升迁，他琢磨着与其在京城做"凤尾"，不如回村做自己的"鸡头"来得快活。五年里，皇帝换成了唐睿宗，继而又换成唐玄宗。不到三十岁的唐玄宗一心想着励精图治，亲自主持考试，广招天下贤才。张九龄在这次考试中脱颖而出，被提拔为左拾遗，拾遗就是捡起皇上遗漏、失误的东西，也就是一个给皇上提意见的谏官。

张九龄也是初生牛犊不怕虎，刚当上左拾遗就立即给皇帝提意见。九月，唐玄宗想去新丰温泉宫度个假，泡泡温泉，打打猎。张九龄体谅皇上挨过武周王朝又挨过"神龙政变"的辛苦，但是他更体谅黎民百姓。张九龄提议可以泡温泉、打猎，但是九月是丰收的季节，此时皇上出行一定会影响农事，建议皇上等百姓把粮食收完了再去玩。唐玄宗觉得他说的有道理，于是把行程推到了十月。

初战告捷，这可让张九龄备受鼓舞。他每天盯着朝廷上下，很快就注意到了宰相姚崇，他大大咧咧地上书姚崇，希望他"远谄躁，进纯厚……任人当才……其所以失溺，在缘情之举"，总之，就是希望姚崇任人唯才，不要暗箱操作。虽然姚崇采纳了张九龄的建议，整顿了吏治，但说他暗箱操作这个仇他是记下了。

张九龄对官吏选拔一事特别上心。公元716年，唐玄宗接到一封张九龄的密奏，说吏部"选叙太滥，县令非材，全不简择"。于是皇帝亲自主持了一场复试，发现选上来的都是些草包，便免了两位吏部侍郎职位。这下张九龄又得罪了吏部尚书。

总而言之，张九龄在勤勤勉勉地干活，认认真真得地得罪当朝权贵。他自己也知道自己快干不下去了，干脆打个请假报告，申请回家照顾年迈的老母亲。朝廷中的一大群人可开心了，给他放了个老长的假，没说啥时候让他回来，也不给他发工资。张九龄感慨道："不谄词多忤，无容礼益卑。微生尚何有，远迹固其宜。"意思就是自己不懂察言观色，不会甜言蜜语，嘴巴老得罪人，情商嘎嘎低，"城里套路深，实在顶不住，我要回农村"。

回家之初的生活还是很快乐的，但是回家时间久了，会感觉闲久了也很累，自己在虚度年华。张九龄琢磨着还是得干点有意义的事情，于是他给朝廷打了个报告，申请给大庾岭开辟一条"高速公路"。上头觉得可行，而且这样可以名正言顺地让张九龄留在岭南，便马上批准了。

"要想富，先修路。"本来岭南就是因为道路崩坏交通不便，所以才蛮荒到几近与世隔绝，甚至白白浪费了广州这么一个得天独厚的港口资源。张九龄硬生生地给大庾岭开辟出一条开阔的五车道，让大庾岭终于实现"坦坦而方五轨，阗阗而走四通，转输以之化劳，高深为之失险"。自此广州的货运事业蓬勃发展，如果不是这条"高速公路"，就不会有后来的"一骑红尘妃子笑，无人知是荔枝来"。也正是这条路，让远处蛮荒的岭南人，从偏居一隅慢慢走向繁荣发展。

公元 718 年，开元六年，张九龄被召入京，因修大庾岭路有功，被授予左补阙的职位，从七品上，比左拾遗高一级，他升迁了。三年后，张说回朝，被唐玄宗委以重任，接过宰相姚崇的接力棒，辅佐皇帝治国。张说可没忘记那个有才华又和他有着相同政治理想的张九龄。在张说的提拔下，张九龄步步高升，一路到了正五品上的中书舍人，这可是无限接近朝廷核心的官职啊。

公元 723 年，开元十一年，唐玄宗首次在南郊举行祭祀。公元 725 年，唐玄宗封禅泰山，完成了大唐王朝的封禅大典。在这一系列礼仪活动中，张九龄的表现非常优异，做了正四品上的太常少卿。总而言之，仕途坦荡、平步青云。张九龄正升得晕晕乎乎，却没想到花无百日红，圣意难测。公元 726 年，张说被宇文融和李林甫等人弹劾罢相，张九龄也被外放到洪州当刺史。

洪州在江西，正是滕王阁所在的地方。这里离岭南很近了，张九龄却很郁闷，升官升得好好的，突然来个当头一棒，于是张九龄感慨：

忝官二十年尽在内职，及为郡尝积恋，因赋诗焉

江流去朝宗，昼夜兹不舍。

仲尼在川上，子牟存阙下。

圣达有由然，孰是无心者。

一郡苟能化，百城岂云寡。

爱礼谁为羊，恋主吾犹马。

感初时不载，思奋翼无假。

闲宇常自闭，沉心何用写。

揽衣步前庭，登陴临旷野。

白水生迢递，清风寄潇洒。

愿言采芳泽，终朝不盈把。

可见张九龄很怀念皇帝。官路失意，诗路得意，在洪州的这段时间，他写出

清·王炳《澄波月泛图》（局部）

来的诗可比以前春风得意时写的诗好多了。

望月怀远

海上生明月，天涯共此时。

情人怨遥夜，竟夕起相思。

灭烛怜光满，披衣觉露滋。

不堪盈手赠，还寝梦佳期。

这首《望月怀远》就写于此时。此诗没有雕琢字眼，仿若信手拈来、浑然天成的语句，却那么打动人心。此诗写月当排进唐朝前三名，而前两名中，第一名当属李白写的月亮，第二名当属张若虚的"春江潮水连海平，海上明月共潮生"。

公元731年，唐玄宗记起了张九龄，又将之调回京任秘书少监等职务。公元733年，令其为中书侍郎。不久后，又升其为中书令，中书令就是首席宰相，张九龄到达了职场的天花板，真正做到了一人之下，万人之上。

但是这个宰相不好当，张九龄最初做了那么多年的谏官，有了职业病，还是坚持每天找碴儿。此时武惠妃宠冠后宫，她和前朝的李林甫相勾结，李林甫助力武惠妃的儿子当太子，作为回报，武惠妃把李林甫推向朝廷的权力中心。武惠妃不断向唐玄宗吹枕边风，加之李林甫本就属于李唐宗室的一个旁支，唐玄宗也想将他推上宰相的位置。张九龄百般反对，声称"宰相系国安危，陛下相林甫，臣恐异日为庙社之忧"，意思是：你非要这样，小心亡国。唐玄宗表示"不听不听王八念经"，硬是让李林甫成为宰相，哪晓得张九龄的话竟是一句预言。

继而李林甫和武惠妃合伙耍计谋，想将当时的太子李瑛废掉，唐玄宗中计，想废太子。只有张九龄历数历史上因后宫斗争而被冤死的太子，苦劝皇帝不要这样做。但是太子还是没保住，最终被陷害致死。

张九龄在任职宰相期间，发挥谏官本色，不断呈上谏言，但是毫无用处，因为皇上不听。忠言逆耳，听不进忠言，保不住江山，有因必有果。

清·丁观鹏《摹宋人明皇夜宴图轴》（局部）

唐玄宗还想让牛仙客当宰相，张九龄说："牛仙客一介武夫，书都没读过，咋能当宰相？"虽然他为守边境立下了汗马功劳，但是"宰相代天治物，有其人然后授，不可以赏功，国家之败，由官邪也"。这次皇上勉强听了一下，但是没过多久，唐玄宗又看上了自己和杨贵妃的干儿子安禄山，想要提拔安禄山，即使安禄山犯错也绝不杀他。

张九龄表示："不行啊皇上，这安禄山面有反相，使不得啊，不杀恐有后患啊。"唐玄宗反问："你别扯那些玄乎的，你啥时候还会看相了呢？"张九龄为这件事和皇上翻了脸。而就在这个时候，李林甫、牛仙客、安禄山却越走越近，他们一起弹劾张九龄。很快张九龄被罢知政事，丢掉了相位，被贬出京城。

张九龄失望地看了一眼身后的大明宫，乌云低垂，风雨将至。最终他坐上了远赴荆州的马车，并留下那一句被后世无数人拿来引用的金句："草木有本心，何求美人折。"

这一年他六十四岁。这一生他经历过春风得意，以一个偏远山区老实小伙儿的出身，走到了所有人想都不敢想的位置，这一生他也经历过突然的贬黜，突然的大起大落。按理来说张九龄早该看淡一切，达到"宠辱不惊，闲看庭前花开花落；去留无意，漫随天外云卷云舒"的境界，但是他还是放不下皇城根下如履薄冰的日子。

照镜见白发

宿昔青云志，蹉跎白发年。
谁知明镜里，形影自相怜。

他终究还是对"晚节从卑秩"无法释怀。

公元740年，六十八岁的他带着遗憾，在荆州长史任上去世了，和他一起埋进黄土的，是整个熙熙攘攘的"开元盛世"。唐玄宗还是思念张九龄的，每次宰相推荐公卿的时候，唐玄宗必问"风度得如九龄否"。

十七年后，唐玄宗被迫成了太上皇，客居蜀中，爱妃死了，江山丢了。他终于越发地思念起张九龄来，思念起那个原本斯斯文文，却为了杀掉安禄山而和他争得面红耳赤的人来，想着想着鼻子一酸。唐玄宗久久凝望着东边韶州曲江张九龄墓的方向，他发现"自公殁后，不复闻忠谠言"。

张九龄的简历

- **籍贯**
  广东韶关

- **生卒年**
  公元 673—740 年

- **荣誉称号**
  "岭南第一人"

- **职场经历**
  校书郎：没升职没加薪，世界很灰暗；
  左拾遗：给老板提意见，给同事提意见，得罪了不少人；
  左补阙：就是个人事专员，不过我的眼光还是很准的；
  中书舍人：工作干得好，上司赏识，老板器重，快混成公司高层了；
  太常少卿：本来在公司混得风生水起，上司被开除了，我也干不下去了；
  洪州都督：职场不顺，但写出了"海上生明月，天涯共此时"；
  从秘书少监一路升职到中书令：老板又想起我了，回到总公司，一路升到二把手，但经常给老板提意见，老板很不高兴，又把我开除了；
  荆州大都督府长史：因为劝诫老板过于频繁，被嫌弃了，又被外放到分公司。

- **成就事件**
  为"开元盛世"做出重大贡献，不畏强权，敢于直谏。

- **自我评价**
  谁说穷山恶水出刁民，我就是山里飞出的真宰相。

- **主要作品**
  《赋得自君之出矣》《感遇十二首》《望月怀远》等。

王之涣

大唐官场的"小透明",却用六首诗把自己送上了诗坛顶流

他是唐代"边塞F4"中留诗最少的,但六首诗拿下两个"MVP①",他是浪子逆袭成"文坛大V"的典型,一手捧红了鹳雀楼和玉门关,却也是史书上仅有只字片语的"无冕之王"。

公元688年,即武则天垂拱四年,王之涣出生,祖籍并州晋阳(今山西太原),当时太原王家为名门望族。《唐才子传》记录他:"少有侠气,所从游皆五陵少年,击剑悲歌,从禽纵酒。"可见王之涣的家世很不错,因为同游的"五陵少年"也都是富家子弟。白居易《琵琶行》中的那句"五陵年少争缠头,一曲红绡不知数",就描述了富家子弟们多么会烧钱。少年王之涣意气风发,是一个和李白、高适一样,左手持剑、右手写诗的文武全才。

王之涣和兄弟们一起仗剑天涯,行侠仗义,闯荡江湖,"红尘作伴活得潇潇洒洒,策马奔腾共享人世繁华",在当时属于妥妥的街溜子。为了让他收心,父

---

① 是"Most Valuable Player"的缩写,意思是"最有价值的选手(一般是对团队贡献最大的人)"。

母为他安排了一门亲事，想用婚姻将他拴在家里。婚后他是否即刻退出江湖，在家"相妻教子"，我们就不得而知了，只知道从小就聪慧颖悟的他，一用功起来，学业就突飞猛进。

虽然将及壮年，才"穷经籍之奥"，比很多读书人都晚了一步，但也丝毫不影响他闯进文学圈不久后，就在圈里小有名气。不过，和一般的读书人不同的是，王之涣从没参加过科举考试，或许是因为家里有钱不愁生计，又或许是心胸傲然瞧不上科考。一直到了三十五岁，他才在别人的推荐下，做了衡水县主簿。在任期间他尽职尽责，县令不仅给了他五星好评，还将自己十八岁的女儿许配给他。当时的王之涣已经是两个孩子的爹了，但是那位比他小了近二十岁的李氏还是心甘情愿地嫁给他，任劳任怨地陪着他。可见李氏必然十分钦慕王之涣的才华，嫁给他，想必是无怨无悔的。

不久后，王之涣在任职中遭到诬陷，于是毅然选择辞职回家，开始躺平生活，在家赋闲十五年。辞职这一年，他三十九岁，对于任何时代的人来说，能有辞职回家躺平的勇气，多多少少手里是有点积蓄的。身无分文还能甩手不干的人，要么是年少轻狂，要么是被公司给炒鱿鱼了。显然，王之涣是属于有积蓄的那一类。

好友靳能在王之涣的墓志铭中这样描述："在家十五年，食其旧德。雅淡圭爵，酷嗜闲放。"就是说他在家十五年，靠着老辈留下的家产吃饭，对于官场的事很冷淡，喜欢放飞自我。总之，在家赋闲的这些年，王之涣不差钱，生活很惬意，无聊了就出门转转，到旅游胜地打打卡。

闲来无事的某一天，王之涣登上鹳雀楼欣赏风景，写下了千古名篇《登鹳雀楼》：

白日依山尽，黄河入海流。

欲穷千里目，更上一层楼。

这首文字浅直却大气磅礴的诗，被誉为"唐代五言诗的压卷之作"。鹳雀

清·袁江《观潮图》

楼因此诗而名传百世,王之涣也因这首五言绝句而名垂千古,在大唐群星闪耀的诗坛中占据一席之地。王之涣的那首七言绝句《凉州词》同样堪称七绝翘楚,不输王昌龄、杜牧等七绝圣手。

> 黄河远上白云间,一片孤城万仞山。
> 羌笛何须怨杨柳,春风不度玉门关。

苍凉慷慨,悲而不失其壮。有人评价说这一首是"唐诗七言压卷之作",也有人说王昌龄的那首《从军行》才是"唐代七言诗的老大哥"。这便是仁者见仁,智者见智了,毕竟"文无第一"。

王之涣的传世作品很少,载于《全唐诗》的仅有六首诗,凭六首诗就能拿两个"MVP",稳居"大唐边塞F4"的宝座,这让一生笔耕不辍,狂写四万首诗,作品却鲜为人知的乾隆情何以堪？可见作品在精不在多。

俗话说，"物以类聚，人以群分"。作为诗坛明星，王之涣的朋友圈也变了，他结交了不少像王昌龄、高适这样的明星朋友。王之涣和王昌龄、高适三人还流传着"旗亭画壁"的故事。

在开元年间的某个冬天，天上下着小雪，王之涣、王昌龄、高适三人一同在旗亭喝酒唠嗑，不一会儿便有几位打扮华丽的歌姬奏乐吟曲，唱的都是当时"流行诗人"的诗句。三位诗坛名人决定趁此机会比试一把：谁的诗被唱得多，谁就是老大。谈笑间，只听一女伶唱起了王昌龄的"洛阳亲友如相问，一片冰心在玉壶"，王昌龄赶忙在墙壁上画了一个记号。接着有歌姬唱起了"夜台今寂寞，独是子云居"，正是高适的。紧接着"玉颜不及寒鸦色，犹带昭阳日影来"又是王昌龄的，他小嘚瑟地在墙上画了第二笔。还没听到自己一首诗的王之涣有点小慌，于是他指着最漂亮的一位歌姬说："刚刚那些唱曲的都是不入流的小歌手，这位美女一看就是品位高雅之人，定然会唱我写的。"然后转头对另外两人说，"如果是我的曲子，你俩得拜我为师，不是的话，我退出排名赛，再也不跟你们

明·文徵明《关山积雪图》（局部）

争高下了。"过一会儿,美女果然唱了王之涣的《凉州词》,他嘚瑟地问:"你俩啥时候拜师啊?"三人一同哈哈大笑,拜师自然是戏说,三人旗鼓相当,难分高下。

旗亭画壁记载于唐代文人薛用弱的《集异记》中,旗亭就是酒家,画壁指在墙壁上画记号,也不知是真有此事还是写书人编撰出来的。关于王之涣的人生经历,只在《旧唐书》提及一句"善属文",就再无信息,《唐才子传》中也只留下寥寥数十行文字,书上薄薄的一页,却是他自由又精彩的一生。而让人意外的是,20世纪30年代,王之涣的墓志铭在河南省洛阳市出土,我们才得以了解这位"官场小透明"的过往。他也曾和如今的我们一样,有着喜怒哀乐、柴米油盐、诗情画意、快意生活。

公元742年,王之涣五十五岁,在好友的劝说下,他重新入仕,做了一名县尉,在职官风以清白著称,理民以公平著称,颇受当地百姓称道。不幸的是,就在这一年,王之涣染病离世,卒于官舍,葬于洛阳。

好友靳能在墓志铭中评价他:"慷慨有大略,倜傥有异才。"王之涣虽然在官场籍籍无名,但在诗坛永远有一席之地。从行侠仗义的江湖小伙儿,到大唐"边塞诗名人",仅有六首传世诗作,依旧名垂千古,谁说不算人生赢家呢?

王之涣的简历

- **籍贯**

  山西太原

- **生卒年**

  公元 688—742 年

- **荣誉称号**

  "四大边塞诗人"之一

- **职场经历**

  冀州衡水主簿：干得用心又开心，还娶了老板的女儿，没想到同事诬陷我，辞职不干了；

  文安县尉：职位不高，但工作风评不错。

- **成就事件**

  《登鹳雀楼》家喻户晓，入选小学语文教材；

  《凉州词》中的"春风不度玉门关"让本就出名的玉门关更加名贯古今。

- **自我评价**

  听说全中国的人都会背我的"白日依山尽，黄河入海流"，哎呀，惭愧，惭愧！

- **主要作品**

  《登鹳雀楼》《凉州词二首》等。

孟浩然

李白的偶像，唐代山水田园派开山之人，
一生不羁爱自由

他拉开了唐代山水田园派诗歌的序幕，是李白的偶像，是终身布衣的诗人；在仕途之路上，他本该是位王者，谁料最终却变成了"青铜"。

公元689年，孟浩然出生于一个相对富裕的家庭，是孟子的三十三世孙。殷实的家境让他有了任性的资本，同时可以从小受到良好的教育。公元706年，十八岁的孟浩然参加襄阳县试便高中榜首，一战成名。

孟浩然这不就是拿了男主角的剧本嘛，按照当时的剧情发展来看，接下来必然逃不过进京赶考，金榜题名，迎娶佳人，最终走向人生巅峰的命运。可现实毕竟不是偶像剧，很多时候，总会不尽如人意。

公元708年，二十岁的孟浩然迎来了人生的第一个转折点。因偶像张柬之在扶持中宗李显登上皇位后受到排挤，最终被流放，病死途中，孟浩然不禁开始思考出仕的意义，最终不顾父母族人的反对，毅然决然地选择放弃出仕，决定前往鹿门山隐居。正所谓儿大不由爹呀！

在鹿门山的隐居生活让人甚是轻松自在，老孟家家底还算丰厚，即使孟浩然没有工作、没有收入，孟老爷每月都会按时给宝贝儿子寄生活费。因此，别人早上天不亮就起床去上班，而孟浩然可以睡到自然醒。这种日子谁不想过呢？就连他的诗里都透着得意扬扬的悠闲，比如那首著名的《春晓》，"春眠不觉晓，处处闻啼鸟"，听听这话，一看就是年轻人写的，老年人早晨能有那么多觉吗？最重要的是，因为年轻，所以还有心情感怀花花草草，"夜来风雨声，花落知多少"。这首诗在儿童界的热门程度可以说是和当下的《孤勇者》媲美了。

孟老爷以为儿子的"叛逆"仅仅是不愿入朝为官，没想到二十二岁的孟浩然又给他这当爹的当头一棒。公元 710 年，孟浩然再次不顾父母的反对，与襄阳城有名的歌姬韩襄客结为了夫妻，继续隐居鹿门山，这可给孟老爷气够呛。公元 714 年，孟父去世，这估计也和孟浩然的"忤逆"脱不了关系：让你科考你不干，让你别结这门亲事，你还不干，敢情你就是上天派来气死我的。

当然，父亲的离世也给了孟浩然很大的打击，往日的画面一幕幕浮现在眼前，宛如昨日，正是自己的任性妄为，让父亲抱憾而终。考取功名是父亲一直的期望，于是他决定拼尽全力去实现父亲的遗愿。

公元 717 年，三年守孝期满。二十九岁的孟浩然听说丞相张九龄正在襄阳视察工作，便通过朋友的引荐，以一首《望洞庭湖赠张丞相》相赠：

> 八月湖水平，涵虚混太清。
> 气蒸云梦泽，波撼岳阳城。
> 欲济无舟楫，端居耻圣明。
> 坐观垂钓者，徒有羡鱼情。

他把自己想入仕的意愿融入这短短四十字的诗歌当中，妙不可言，深得张九龄的好评，二人也由此结为至交。于是张九龄欣然向唐玄宗李隆基举荐了孟浩然，可造化弄人，孟浩然的八字仿佛与朝廷无缘，唐玄宗并没看上孟浩然。看来求官之路，路途漫漫啊！

虽然求官之路并不顺利，但孟浩然却意外结交了一大票好哥们儿，王维、李

明·文伯仁《西洞庭山图》（局部）

白、贺知章……这些耳熟能详的大咖都成了孟浩然的好友。其中李白还是孟浩然的"头号迷弟"呢，不仅有"吾爱孟夫子，风流天下闻"的诗句，更有《送孟浩然之广陵》等多首名篇为证。

朋友交得多了，社交活动也就多了起来，今天和好朋友见个面，明天和"驴友们"南下游历一番。是不是还有件大事没有完成？！时间不等人呀，到了公元728年，此时的孟浩然已经四十岁了，一年又一年的漂泊，他从三十岁奔波到四十岁，依旧一事无成。不惑之年的孟浩然突然觉得求人不如求己，于是报考了公务员考试，不出意外，老孟还是落榜了，毕竟每日的吃喝玩乐对科考并没有任何帮助。但是在这里，他认识了王维这位忘年交小友，台阶已经送到脚边了，就是不知道孟浩然能不能踩上去了。

一日，王维和孟浩然正在喝酒聊天，这时唐玄宗突然来访，吓得孟浩然躲到了床底下。但是桌上的两个酒杯岂能瞒得住唐玄宗？皇帝没有治孟浩然欺君之罪，反而和颜悦色地邀请老孟喝酒作诗。皇帝邀约！赋首好诗是不是就能求得一官半职了？机会近在眼前，谁料孟浩然的心思开始游荡，脑子一抽，哆哆嗦嗦地念出一首诗：

岁暮归南山

北阙休上书，南山归敝庐。
不才明主弃，多病故人疏。
白发催年老，青阳逼岁除。
永怀愁不寐，松月夜窗虚。

完了，日日期盼天子的青眼，而如今，天子真的站在了自己的面前，他什么诗不好吟诵，偏偏是这句"不才明主弃，多病故人疏"。或许他是想在读完这句诗之后，再泪流满面地给皇上好好讲一讲他这十多年来的劳碌奔波，奈何唐玄宗听到"不才明主弃"就不高兴了，留下一句"卿不求仕，而朕未尝弃卿，奈何诬我"，于是拂袖而去。老孟这关键时刻掉链子的本事可是一点没见少，入仕的绝佳机会第 n 次被自己白白断送了，以后可要长点心哪。

人生不过几十载光阴，对于求取功名这件事，孟浩然苦苦追求了大半生，可终究不遂人意，看来他确实是命里缺官。兜兜转转二十多年后，老孟也不挣扎了，还是回到了原点，襄阳老家。

回家之后的孟浩然，痛痛快快地进入了梦想中的田园生活，一直在洛阳、吴越游历，其间佳作颇多：

宿建德江

移舟泊烟渚，日暮客愁新。
野旷天低树，江清月近人。

079

清·王鉴《孟浩然诗意图》(局部)

自洛之越

皇皇三十载，书剑两无成。

山水寻吴越，风尘厌洛京。

扁舟泛湖海，长揖谢公卿。

且乐杯中物，谁论世上名。

直到公元 735 年，四十七岁的孟浩然回到襄阳后，他的世交襄州刺史韩朝宗准备举荐他，为他在朝中造好势，也约好了谒见的时间。不料到谒见这一天，孟浩然的好友来访，于是他不顾谒见之事，陪朋友饮酒论文。有人提醒他，他却很不爽地大声说："没看见我在喝酒吗？管他作甚！"就这样放了韩朝宗的鸽子。

有时候真搞不明白这些古人的脑回路，孜孜以求请人举荐，待到有人举荐他又不珍惜。

又过了两年，张九龄被贬荆州，招孟浩然做幕僚。在此期间，孟浩然写了《送杜十四之江南》：

荆吴相接水为乡，君去春江正淼茫。

日暮征帆何处泊，天涯一望断人肠。

公元 738 年，老孟不幸背部染上了毒疮，辞去工作回到了襄阳休息。本来，经过大夫两年的医治，他已经快要痊愈，但这时王昌龄路过襄阳来看望他，两人少不了一番开怀畅饮。孟浩然一时高兴，就把医生的话抛之脑后，一顿胡吃海喝，导致毒疮复发，于公元 740 年身亡，终年五十二岁。

他的一生以归隐开始，以归隐告终。细看孟浩然的一生，青年时不畏世俗，中年时归于自然，暮年时任性恣意。这样的孟浩然，在群星璀璨的唐朝，按照自己的节奏，一步一步走进了自己的内心深处。虽说他在官场上属于"青铜"，但对于唐代文坛来说，是一件幸事，是他开创了全新的山水田园诗派，也是他给开元诗坛带来了新鲜气息。孟浩然这自由的一生，虽没跟上当时其他文人出仕的脚步，但也活出了属于自己的精彩。

生命诚可贵，功名利禄好，若为自由故，两者皆可抛。

孟浩然的简历

- **籍贯**
  湖北襄阳

- **生卒年**
  公元689—740年

- **荣誉称号**
  "孟山人",与王维并称为"王孟"

- **职场经历**
  张九龄府幕僚:唯一的工作经历,但生病了只能辞职。

- **成就事件**
  继承了陶渊明、谢灵运、谢朓等先贤的传统,开启唐朝山水田园诗的序幕。

- **自我评价**
  虽然职场不顺,但是我朋友多啊,"诗仙"和"诗佛"都是我的铁哥们儿!

- **主要作品**
  《春晓》《过故人庄》《望洞庭湖赠张丞相》等。

王昌龄

"七绝圣手",诗家夫子,写最热血的男儿,
也写最鲜活的女子

他是社交达人,一生交友无数;他出身农家,却成为"诗家夫子";他是边塞狂人,也是妇女之友。

公元698年,王昌龄出生在河东晋阳(今山西太原)一个贫困的山庄,他的父母都是朴实的农民。他年少时,都是白天耕锄,夜晚读书。这样的日子,一直持续到公元720年,二十出头的王昌龄和现在很多刚走出校园的愣头青年一样,满怀梦想,前往嵩山开启了三年的学道之路。

在唐朝,学道可是个时髦的活儿,跟现在的女生练瑜伽差不多。因此,他把学道当成了叩响盛唐大门的一块砖。可他逐渐发现这块砖太过渺小,学了三年也没学出个名堂来,离"得道成仙"还差得远呢,最终只能回归现实。

不久后,他便到长安谋求发展,可惜苦求无果。正在迷茫时,他看到了墙上招兵公告。这个热血书生顿时心生希望,一拍大腿,决定西出长安,投笔从戎,这时候的王昌龄已经二十六岁。公元724年,二十七岁的王昌龄参军入伍,出玉门关,即将迎来他一生中的高光时刻。

在西北大漠军营里，真实的边塞生活给予了王昌龄颇多素材和灵感。钱钟书也曾说过，一个作家越是穷困潦倒的时候，越能写出好的作品，王昌龄就是这样。恰恰是在西北边塞这段他人生最艰苦、最危险的时期，在"金戈铁马入梦来"的战争环境里，王昌龄写下了无数首永不过时的边塞诗，比如这首《出塞》：

秦时明月汉时关，万里长征人未还。
但使龙城飞将在，不教胡马度阴山。

这首诗暗含着他满腔的期望——起任良将，早日平息边塞战事，使人民早日过上安定生活。

比如这首《从军行》：

清·钱维城《塞山秋月卷》

青海长云暗雪山，孤城遥望玉门关。
黄沙百战穿金甲，不破楼兰终不还。

他将边关生活艰苦的孤寂心情和种种感情都融进了这首悲凉壮阔的诗中，这首诗也是"七绝第一"的有力竞选作品。

两年的边塞生活，虽未见王昌龄的宝剑在战马上闪光，但他写在油灯下的一首首边塞诗纷纷冲出军营大帐，被无数战士在烽火硝烟中传颂。看来这个"战地记者"当得是非常成功啊。

参军回来，王昌龄本以为能够得到重用，可惜造化弄人，没背景、没根基、没人脉、没文凭的他并没有在官路上有所突破，只能安静地回到京城长安，去走最宽的那条正统之道——参加科考。但那时的京城长安，房租很贵，和现在一样。寒门子弟王昌龄只好选择租住在郊区，当时叫京兆府蓝田县石门谷的地方，每日头悬梁、锥刺股，准备考取进士。

皇天不负有心人，公元727年，三十岁的王昌龄一举登科。正当他以为自己的人生终于踏上了坦途，前程必定繁花似锦之时，却没想到此时的他其实站在了人生抛物线的最高点，迎接他的将是后半生的坎坷与不如意。

高中的他仅被授了个秘书省校书郎的闲差，成了个只需抄抄写写的小工，工作了无情趣。为此王昌龄心有不甘，七年后再次参加博学宏词科的考试，并再次及第，但他的官职仍未见升迁，仅被授予汜水尉，这让王昌龄深受打击。《闺怨》就在是此期间诞生的：

闺中少妇不曾愁，春日凝妆上翠楼。
忽见陌头杨柳色，悔教夫婿觅封侯。

他不仅能捕捉女性敏感的内心变化和小情绪，也能对她们的情感与境遇充分理解、大胆表达，比如《长信怨》《浣纱女》《采莲曲》等，这些宛如女性代

明·唐寅（传）《红叶题诗仕女图》（局部）

言人的作品也让他获得了"妇女之友"的称呼。

考中进士，走上仕途，反而使自己走向了穷途末路，他何尝不觉得无奈呢？但命运仿佛不想就此放过他，之后王昌龄就开启了连连被贬的"倒霉模式"。

公元 737 年，在做了五年汜水县尉后，四十岁的王昌龄就被一杆子支到岭南，从此过上了颠沛流离的生活。"得罪由己招，本性易然诺"，王昌龄心知肚明：本性难移，或许自己不适合这个世故圆滑的官场！

幸运的是，第二年唐玄宗大赦天下。回到京城后，王昌龄等待被重新安排工作。那年冬天，一个寒风呼啸的下午，四十一岁的王昌龄接到了去江宁任县丞的通知，江宁虽没有岭南那么偏远，但也好不到哪儿去，况且担任一个小小的县丞，他怎么可能甘心呢？于是王昌龄迟迟不去报到，在洛阳一住就是半年，到江宁之后，上班时也是三天打鱼，两天晒网的。这破罐子破摔的态度，遭到了各方的非议。恰在此时，又逢挚友远行，为了发泄不被人理解的愤懑，他写下了这首让人记忆深刻的《芙蓉楼送辛渐》：

寒雨连江夜入吴，平明送客楚山孤。
洛阳亲友如相问，一片冰心在玉壶。

摆烂了几年，公元 748 年，五十一岁的王昌龄就因生活小节不够检点，得罪了人，再次迎来贬谪。他的好朋友李白听到这个消息，都替他意难平，于是写了一首诗来安慰他：

闻王昌龄左迁龙标遥有此寄
杨花落尽子规啼，闻道龙标过五溪。
我寄愁心与明月，随君直到夜郎西。

王昌龄也在《龙标野宴》中写到：

> 沅溪夏晚足凉风，春酒相携就竹丛。
> 莫道弦歌愁远谪，青山明月不曾空。

他依然充满信心，他心里的青山明月依旧在，还未曾空寂。这一首诗，算是他给李白等一众好友的回应了，文人之间的交流就是这么清新脱俗。

说起王昌龄的好友，可谓群星璀璨，李白、王维、高适、王之涣、岑参、孟浩然……他们之间的相互往来，也留下诸多千古名篇。

公元755年，"安史之乱"爆发，年近六十的王昌龄也到了该退休的年纪，于是打算回家颐养天年，可谁知命运还是不愿意放过这个被它折磨了一辈子的老人。公元756年，王昌龄途经亳州时，被亳州刺史闾丘晓杀害，终年五十九岁。

好在善恶因果皆有报应，一年之后，闾丘晓因延误军机，被张镐杖杀。闾丘晓祈求说自己有亲人要奉养，张镐说："难道王昌龄当年就没有亲人要奉养吗？"这话撑得他无话可说，只能引颈就死。这一点点迟到的公道，也算聊以告慰王昌龄的在天之灵了。

纵观王昌龄的一生，是充满着辛酸曲折的。命运一次又一次捉弄了他，他未能战死疆场、马革裹尸，而是遭小人妒忌，未能死得其所。这样一个旷世奇才，人生亦不过是惨淡收场。但是他的诗名随着时间的流逝而不断被推崇，晚唐诗杂著《琉璃堂墨客图》将王昌龄尊称为"诗天子"，而另一说法是，他在世时就有"诗家夫子王江宁"之誉，"诗家天子"应为后世讹传。不论是何种称号，古往今来，多少帝王将相早已遗臭万年，王昌龄却以其被传颂千年的作品，成为大唐群星中闪耀的一颗。

王昌龄的简历

- **籍贯**
  山西太原

- **生卒年**
  公元 698—757 年

- **荣誉称号**
  "诗家夫子",七绝圣手,"边塞四诗人"之一

- **职场经历**
  从军:两年时间,写了很多出圈的军旅诗歌,但是没有得到稳妥的退伍转业安置;
  秘书省校书郎:普通职员,没什么工作乐趣;
  汜水县尉:五年,因为不擅长处理职场人际关系被各种非议,被降职;
  江宁县丞:八年,再次因为不擅长处理职场人际关系被降职。

- **成就事件**
  边塞诗非常出圈,七言绝句创作量大且质量高,朋友圈装着盛唐。

- **自我评价**
  看来我不适合职场啊!

- **主要作品**
  《出塞》《从军行》《芙蓉楼送辛渐》《闺怨》等。

王维

少年成名的佛系美男子，
诗中有画更有禅的"诗佛"

他是将诗画融为一体的艺术大师，是才貌双全的佛系诗人，明明可以靠脸吃饭，却偏要靠才华，在作品中写满了禅意，是实至名归的"诗佛"。

公元699年，王维出生于山西的王氏家族，他和李白是同龄人。这里必须提一下他的母亲，王维的母亲来自五姓七望的博陵崔氏，因为信佛，所以用《维摩诘经》给王维取名"维"，由此，王维字"摩诘"也就顺理成章了。王维作诗、书法、音乐样样精通，其实都离不开母亲的教育。除了有才，王维偏偏人还长得帅，是大唐著名的帅哥，走到哪儿都有一帮迷弟迷妹，实在太让人羡慕嫉妒了。不幸的是，王维九岁时父亲去世。十五岁时，他踏上了进京求仕的征途。十七岁时，他写出《九月九日忆山东兄弟》，其中"独在异乡为异客，每逢佳节倍思亲"成了他乡游子过节"Emo①"的必备金句。

---

① 网络流行语，原本是一种情绪化的音乐风格，被网友们衍生出"丧""忧郁""伤感"等多重含义。

到长安不久后，王维就成了大明星，收获了不少粉丝，还和唐玄宗的弟弟岐王成了好朋友。在岐王的介绍下，王维认识了玉真公主——一个大佬级的文艺女青年。岐王设宴请玉真公主，席间王维弹奏了一首《郁轮袍》，公主听后赞叹不已。之后她又读了王维的诗集，发现他的字也写得很好，读到那首《相思》后，更是对这个面若润玉的帅哥刮目相看，当场答应在科考中举荐王维。当时考试有着达官贵人举荐考生的潜规则，才貌双全的王维得到了玉真公主这么重量级的人物推荐，科考的压力小了很多。自己有才又有贵人相助，二十二岁的王维顺利考中状元，一时风光无限。

不过中了状元的王维也有烦心事，因为这时他跟玉真公主的绯闻满天飞。有人说他被公主包养了，是公主的男宠，也有人说他是靠公主走后门才考中状元，总之，京城的人没事就爱聊他和公主的八卦。但是这些绯闻八卦并没有影响王维的仕途，他被任命为太乐丞，负责音乐、舞蹈等节目的教习，也就是"皇家歌舞团团长"。

像王维这样年少有为的有志青年，自然有人嫉妒。他任"团长"不到半年，就被人举报手下的员工私自舞黄狮，并因此被贬到山东济州做司仓参军。当时喜欢聊八卦的人说，他犯的错并不算大，之所以被贬到基层，是因为他擅自娶了老婆，得罪了倾慕他的玉真公主。真相是什么我们不得而知，只知道王维在济州做了四年的基层公务员。

公元728年，王维开始在淇上隐居。公元731年前后，王维的妻子去世。当时他还很年轻，不少人想再给他介绍对象，都被他拒绝了。后来他三十年孤居一室，没有再娶，这便是许多人认为他深情的原因。但是才华横溢的王维却没有为妻子写过诗，也许是至情无语、大爱无声吧。

公元734年，他在长安闲居，献诗给宰相张九龄，随后被提拔为右拾遗。三年后，张九龄被奸臣李林甫排挤，被贬为荆州长史。没错，就是那个后来害杜甫科考落榜的"大忽悠"李林甫。不久后，李林甫把王维指派到凉州，在出塞的路上，王维写下名篇《使至塞上》，勾勒出雄浑大气的边塞风景图：

单车欲问边，属国过居延。
征蓬出汉塞，归雁入胡天。
大漠孤烟直，长河落日圆。
萧关逢候骑，都护在燕然。

同一时期，他还写下了那首《送元二使安西》，成为送别诗的经典：

渭城朝雨浥轻尘，客舍青青柳色新。
劝君更尽一杯酒，西出阳关无故人。

几年后，王维回到长安。当时奸臣把持朝政，他对时政心灰意冷，产生隐退的想法。四十六岁时，他在今天的陕西蓝田购买了一处房产，那处房产原本属于

唐·王维《千岩万壑图》（局部）

宋之问，王维扩建成自己的别墅，世称"辋川别业"。

有房不慌的王维这个时期过得很舒坦。终于可以在艺术的天空肆意翱翔，这一时期他创作出不少山水田园诗：

鹿柴

空山不见人，但闻人语响。
返景入深林，复照青苔上。

山居秋暝

空山新雨后，天气晚来秋。
明月松间照，清泉石上流。
竹喧归浣女，莲动下渔舟。
随意春芳歇，王孙自可留。

南宋·赵伯驹《辋川别墅图》（局部）

每一句都是一幅天然的山水画，后来苏轼曾评价他"诗中有画，画中有诗"。

正当王维在悠然的山水田园中沉浸创作时，时代的悲剧发生了。公元755年，"安史之乱"爆发，恰巧反贼头子安禄山是王维的资深"铁粉"，不顾偶像意愿，硬是给了他一个给事中的伪职。王维吃药装病都没用，而这段经历后来也差点害死他。

公元757年，唐军接连收复长安、洛阳，王维和其他在乱贼手下做过官的人都被关到大牢，按照法律应当被处死，但是王维任伪职期间曾经写过《凝碧池》：

万户伤心生野烟，百僚何日更朝天？
秋槐落叶深宫里，凝碧池头奏管弦。

这首诗抒发了亡国之痛和思念朝廷的情感，又因为弟弟王缙平定叛乱有功，为王维求情，才使他得到宽恕。王维后来多次升职，做到了尚书右丞，因此世人也称他为"王右丞"。

公元761年，因弟弟王缙只身在外，王维上书《责躬荐弟表》，请求削去自己的全部官职，归隐田园，让弟弟王缙能够回到京师。

此后王维开启了彻底躺平的佛系生活，每天闲着没事，到风景好的地方转转，弹弹琴，写写诗，日子过得平淡却舒心，其间他写下了《鸟鸣涧》：

人闲桂花落，夜静春山空。
月出惊山鸟，时鸣春涧中。

这样赋予山水灵魂的诗句，也治愈着王维的伤痛。他这一生年少成名，风光无限，可是后半生蹉跎混沌，中年丧妻，老来无子，又经历过"安史之乱"的创伤，在巨大的人生落差面前，他早已看淡功名利禄，只追求内心的宁静。

公元761年七月，在完成了几封给亲友的告别信后，王维安然离世。他的诗成为山水田园派的代表作品，久久流传，令后人从诗中感受到惬意与静谧。

如果古代有投票活动，这样一位才貌双全的深情美男子，必定可以位列唐朝诗人、好丈夫排行榜首。

很多人都一个疑问：为什么作为同龄人、又有共同朋友的王维和李白，似乎没有任何交集呢？其实原因大致有这么几点：一是两人性格差异太大，李白外向豪放，王维低调内敛，一个似火一个似水，很难交融；二是两人的诗歌风格大不相同，也许在李白眼里王维的诗太没有激情，在王维的眼里李白的诗又太嚣张，两人互相都看不上，所属的诗歌流派也不一样，可谓圈子不同不必强融；三是李白学道，王维信佛，可谓道不同，不相为谋。至于还有一点扯不清的就是，他们的共同好友——唐玄宗的妹妹玉真公主，据说两人因为玉真公主而成为情敌，那就更要老死不相往来了。

世有"李白是天才，杜甫是地才，王维是人才"之说，在我看来，王维的"人才"之名确实恰如其分。和李白的天马行空、杜甫的忧国忧民相比，王维憧憬山水田园、世外桃源，他用诗与画塑造的恬静闲适、宁静淡泊的生活，更符合大多数人对理想生活的畅想。也许，人生的禅意就如他的诗一样，春风得意也好，淡泊名利也罢，"行到水穷处，坐看云起时"，远眺云卷云舒，近观花开花落，去追求自己想看的风景，沿路便处处是风景。

王维 的简历

- **籍贯**
  山西永济

- **生卒年**
  公元 699—761 年

- **荣誉称号**
  诗佛，与孟浩然合称"王孟"，南宗山水画之祖，王右丞

- **职场经历**
  太乐丞：唱唱歌、跳跳舞，算是个不错的工作，因为属下工作犯错被辞退；
  右拾遗：虽是升职，但是得罪了大佬又被辞退；
  监察御史兼节度判官：外派大西北地区，虽然艰苦，但给我无限创作灵感；
  监察御史升迁至文部给事中：调回大唐有限公司总部，熬年资，慢慢升职；
  给事中：被兼并大唐有限公司的伪老板任命，被逼站队，这个职位能不能不要；
  尚书右丞：职业生涯最高点，为了弟弟放弃职位，从此退休。

- **成就事件**
  状元及第，人生最风光得意之事；
  将禅意融合进诗画之中，成为禅诗的代表诗人；
  山水田园诗别具一格，诗中有画，画中有诗。

- **自我评价**
  与做官比，还是更喜欢诗与远方！

- **主要作品**
  《使至塞上》《相思》《九月九日忆山东兄弟》《送元二使安西》《竹里馆》等。

李白

仗剑执酒楚狂人，明月入怀谪仙人，
大唐有他才真的了不起

  他是千古留名的"诗仙"，也是出了名的"酒鬼"，还是"诗圣"杜甫的偶像，绣口一吐便是半个盛唐。他的人生，得意与失意都是那么的极致。

李白出生于长安元年，即公元701年，在公元762年离世，享年六十一岁。他的一生中，有四十多年是在唐明皇的统治之下，见证了最光辉灿烂的盛唐时期。

关于李白的身世和家族，在当时就讳莫如深。如今的一种说法是，他父亲是西域的一位富商，也就是说李白是个"富二代"；另一种说法是，他和唐朝皇室是同一个先祖，也是具有皇族血脉的人。而他究竟是富商之子还是皇族之后，就是仁者见仁，智者见智了。

相传李白出生前，其母梦见太白星入怀，于是其父便为他取名为"白"，字"太白"。因为在家中排行第十二，他又被称为"李十二"。

李白很小的时候就接触过道教的书，所谓"五岁诵六甲"就是这个意思。民间传说他六岁时，遇见一个老太婆要把一根大铁杵磨成绣花针，于是受到触动的李白下决心用功读书。少年时期，他就在文学方面表现出了惊人的天赋，十岁已经熟读诸子百家，通晓诗书。十五岁时，他已经有多首诗赋作品得到了当时一些社会名流的夸赞与推崇。

小小年纪的他还花费了很多时间学习剑术和道术，有着"十五好剑术"的自述。据史料记载，他的剑术十分高超，是"剑圣"裴旻的徒弟。十八岁时，李白曾和一个叫东严子的隐士，隐居在岷山，修习道术。和许多文人志士一样，他也有着"修身、治国、齐家、平天下"的人生理想，但是从未参加过科举考试。许多人认为因为他是富商之子，所以根据律法规定不能参加科举考试；也有人认为他恃才傲物，不愿意参加科考，即使有官员举荐，依旧一笑置之。事实究竟如何就不得而知了。

二十四岁时，李白离开四川，踏上了远游的征途，随后他这一生几乎都在路上，再也没有回到过故乡。他的游行足迹遍布湖北、湖南、安徽、甘肃、北京等地，一边游山玩水增长见识，一边拜谒当地的名流，希望能遇到自己的伯乐。游行途中他创作出不少脍炙人口的名篇。在湖北荆门，他写下了我们小时候人人必背的《渡荆门送别》：

渡远荆门外，来从楚国游。
山随平野尽，江入大荒流。
月下飞天镜，云生结海楼。
仍怜故乡水，万里送行舟。

在金陵时，他写出了著名的《长干行》，其中那一句"郎骑竹马来，绕床弄青梅"，直接衍生出"青梅竹马"这个成语。在扬州时，为了结交好友，不到一年的时间里就"散金三十万"，妥妥是挥金如土的"富二代"，结果就没钱了呗。二十六岁时，贫穷的他得了一场大病，在贫病交加之时，认识了当时的大诗人孟浩然。孟浩然比李白大十一岁，他们之间有着深厚的友情。李白还曾经写下《黄鹤楼送孟浩然之广陵》：

故人西辞黄鹤楼，烟花三月下扬州。
孤帆远影碧空尽，唯见长江天际流。

　　二十七岁时，在孟浩然的撮合下，李白迎娶了第一任妻子——唐高宗时期的宰相许圉师的孙女，成了豪门许家的赘婿。二人成婚后有一儿一女，度过了十年恩爱的时光。入赘许家的这十年，是李白为数不多的安定时光。

　　在这期间，他并不满足于赘婿的身份，于是积极拜谒名流，希望得到引荐。他先是拜谒宰相张说，不巧的是张说病重，通过张说的儿子张垍，住到了终南山玉真公主别馆。为讨公主欢心，他积极献诗，却连公主的面都没见过，随后黯然离开长安。后来，他也曾给素有"伯乐"之称的韩朝宗写文求荐，那篇《与韩

清·关槐《黄鹤楼图》（局部）

荆州书》如今已是举世名篇，但当时没能打动韩朝宗的心，没等到回信的李白陷入了失望。

后来妻子许氏因病去世，李白伤心之余便开始了放荡不羁的生活，成天吟诗作画，饮酒作乐。许氏去世一年后，李白娶了一名刘氏女子为妻，但是刘氏非常看不起贫穷落魄的李白，时不时地羞辱他，面对刘氏的轻蔑，李白愤而离婚。后来他在山东任城娶了第三任妻子，有了心爱的小儿子，可惜好景不长，五年后妻子因病离世。

经历了人生的诸多变迁后，李白继续一路漂泊，辗转在安徽、江苏、浙江等地，不遗余力地找人举荐，终于在四十二岁时得到了人生中的第一个机会。好友丹丘生以道家流受召入朝，得到了玉真公主的礼遇，他便向公主引荐了李白。此时李白也在长安紫极宫结识了贺知章，贺知章读了《蜀道难》和《乌栖曲》后，惊异于他瑰丽的诗歌意境和非凡的文采，给他起了个外号叫"谪仙人"。

之后在玉真公主和贺知章的赞赏推荐下，唐玄宗也十分欣赏李白的诗赋，不

元·任仁发《饮中八仙图》（局部）

久后便召他进宫。蹉跎大半生的李白终于得到了赏识，成为盛唐以来最被君王宠信的诗人。唐玄宗不仅亲自为他调羹，更封他为翰林待诏，让他草拟文告，陪侍左右，一时间风光无限。此时的李白正跃跃欲试，准备在政治上一展宏图，却没想到唐玄宗只是让他写诗文娱乐，天天陪他玩。李白很郁闷啊，他多年苦学，四处求索，是为了成为一个救世济民的大贤臣，而不是一个随侍皇帝的小跟班。于是李白对自己的工作也越来越不上心，整天喝得酩酊大醉，就连唐玄宗召见也是爱搭不理，还自称是"酒中仙"。

让人意外的是，皇帝并没有大发雷霆，反而对李白十分包容。有一次，唐玄宗带着杨贵妃在御花园赏花，人美花娇，唐玄宗心情大好，于是让人宣李白来作诗，没想到夫子又喝醉了。唐玄宗没生气，顺势让他醉着写诗，而喝得醉醺醺的李白，竟然要专门服侍皇上的高力士给他脱靴，杨贵妃亲手为他研墨，他才同意写诗。这一出"力士脱靴，贵妃研墨"让李白出尽了风头。随后他瞧见美艳妖媚的杨贵妃，稍作思索便提笔成诗，写出了一组著名的《清平调》，尤其是第一首的第一句"云想衣裳花想容，春风拂槛露华浓"，堪称神来之笔，令所有读者为之赞叹，也令杨贵妃喜笑颜开。

唐玄宗对他宠爱有加，给他无上的荣华与尊崇，但他不愿成为被皇宫圈养的宠物，产生了退隐江湖、潜心修道的念头。那一年李白在京城相继送走了挚友贺知章和元丹丘，好友的离开使他感到前所未有的孤单，不久后，他就向唐玄宗提出辞职，因为狂放不羁和直言不讳，他得罪过不少人，请辞时也没人挽留。随后，李白带着唐玄宗给的一大笔"离职金"，失望地离开了京城。

公元744年，心灰意冷的李白来到了洛阳，遇到了科考失败的杜甫，这时的李白四十四岁，已是名动天下的大诗人，而三十三岁的杜甫，当时还籍籍无名。李白看着初出茅庐的杜甫，犹如看到了十年前的自己。此时的李白经历过仕途成空的幻梦，已经意识到人生苦短，应当及时行乐。而杜甫看着近在眼前的偶像，没有一味地自卑拘束，聊天中，李白对杜甫的诗作非常欣赏。两人一见如故，成了朋友。

在那些日子里，他们白天相携游玩，晚上纵情饮酒，相谈甚欢。杜甫对李白的感情非常深厚，常把李白挂在嘴边。而李白对杜甫的感情则相对含蓄，他曾经向王昌龄、孟浩然、汪伦慷慨赠诗，却只给为他写了十五首诗的杜甫回了三首。或许偶像与粉丝之间的友情本就是不对等的。其实李白是有些"社牛症"在身上的，到哪儿都能交到朋友。朋友多、爱好也多，不常挂念杜甫也是情理之中。

公元747年，四十七岁的李白邂逅了最后一位妻子——武则天时期的宰相宗楚客的孙女宗煜，他又一次成功入赘豪门。两人还流传着千金买壁的佳话，一次豪饮后，李白酒醉梁园，一时兴起，挥笔在墙上写下《梁园吟》。宗氏知道后，赶来欣赏，还花了千金将此墙壁买下，由此诞生了"千金买壁"的典故。宗氏与李白一样爱好修道，两人婚后十分恩爱。

当时的大唐暗流涌动，看似繁华的帝国已是危机四伏。

公元755年，安禄山叛乱后天下大乱，李白和妻子一起逃难避入庐山，白天读书，夜晚修道，山外生灵涂炭，山内一片安然。在永王多次下聘书邀请下，李白决定出山。在永王的军营，他作组诗《永王东巡歌》，然而他万万没想到，永王不是平定叛乱的忠臣义士，而是参与叛乱的逆臣贼子。不久后，永王兵败被杀，李白也被捕入狱。造化弄人，平定永王叛乱的恰恰是曾经的好友——边塞诗人高适。本以为危难时刻朋友能伸出援手，但是李夫人几次入府拜访，高适都避而不见。随后在御史中丞宋若思的鼎力相助下，李白逃过一死，但还是因参与谋反作乱被流放夜郎。

公元759年，因关中遭遇大旱，朝廷宣布大赦天下，李白在流放途中重获自由，随即写下那首著名的《早发白帝城》，轻松愉快的心情跃然纸上：

朝辞白帝彩云间，千里江陵一日还。
两岸猿声啼不住，轻舟已过万重山。

随后的两年时间里，他往来在宣城、金陵两地之间，生活潦倒窘迫，靠投奔朋友为生，可谓晚景凄凉。看透世态炎凉后的李白写下了旷世奇作《独坐敬亭山》，表达了生命最后历程中旷世的孤独感：

元·盛懋《三峡瞿塘图团扇面》

众鸟高飞尽,孤云独去闲。
相看两不厌,只有敬亭山。

即将离世的李白绝对不会想到,自己的潇洒不羁,会令千年后的世人也心驰神往,那些醉酒后随意写下的诗篇,会成为学生教材中的经典,久久流传,而他也被后人誉为"诗仙",在中国文坛上写下了浓墨重彩的一笔。

公元762年,李白与世长辞,结束了他传奇而坎坷的一生。关于死因,历来众说纷纭，总体可以概括为三种：一是醉死，二是病死，三是溺死。第一种见于《旧唐书》，说李白"以饮酒过度，醉死于宣城"；第二种见于其他正史或专家学者的考证之说，六十一岁的李白为挽救国家危亡，主动请缨杀敌，因病中途返回，第二年病死在当涂县；而第三种则多见于民间传说，说李白在当涂的江上饮酒，醉酒后看到水中的月亮很美，于是因水中捞月而溺死，抱月而终，极富浪漫色彩。

他这一生放荡不羁爱自由，贺知章称他为"谪仙人"，杜甫评价他"笔落惊风雨，诗成泣鬼神"。李白不仅是唐代文学的巨星，也是中国文学史上举足轻重的人物。他有过春风得意的高光时刻，也有过彷徨失意的低沉时光，更多的时候是与知己好友把酒言欢。他写过的神仙绝句不计其数，给后世人留下了绚丽的文学瑰宝，亦是不少后人心目中的偶像。

余光中曾经写道："酒入豪肠，七分酿成了月光，余下的三分啸成剑气，绣口一吐就半个盛唐。"他把自己活成了自由和浪漫的化身，而藏在内里的失意和彷徨，则让一生以大鹏自比的他分外落寞。也许这便是"谪仙人"的宿命，生在盛世与乱世的夹缝中，得与失、起与落都分外极致，也相互成全，让他的一词一句都浸透着酣畅淋漓的痛快一场，也让我们总是忍不住循着他的词句，神往那段独属于大唐的繁华尽处。

李白的简历

- **籍贯**
  四川江油市（一说西域碎叶）

- **生卒年**
  公元 701—762 年

- **荣誉称号**
  "诗仙"，唐朝伟大的浪漫主义诗人，和杜甫并称"李杜"，"饮中八仙"之一，"谪仙人"

- **职场经历**
  翰林待诏：两年时间，觉得不符合自己职业规划，个人原因裸辞，但是老板给了巨额补偿金，心里酸呀；

  永王幕府幕僚：入职一个月，公司破产，惹祸上身，侥幸死里逃生，又逢大赦，这算运气好还是不好？

- **成就事件**
  贵妃研墨、力士脱靴，人生的高光时刻，也写出了美人最娇艳的一面；
  承包你从小学到大学的"朗读并背诵全文"。

- **自我评价**
  如果能重来，我还要当李白！

- **主要作品**
  《静夜思》《蜀道难》《将进酒》《梦游天姥吟留别》等。

高适

半生失意,晚年逆袭,
关键是永不言弃

他是落魄到极点的"官三代",穷得只能去讨饭;他是盛唐诗人草根逆袭的典范,从乞丐一路升职加薪,直至封侯。

公元 700 年,高适出生在沧州渤海郡(今河北省衡水市景县)。有些人出生在罗马,有些人生来就是牛马,高适便是后者。他家里穷得叮当响,年少时甚至穷到要靠乞讨过日子。但他可能会说:"你别看哥现在这样,我们高家,以前可风光着呢!"

这确实说得没错,高适祖上也曾经富过,他爷爷高偘是唐朝名将,高家也因为高偘而达到了家族荣耀的巅峰,但之后整个高家就开始走下坡路了,到了高适这一代,家族根本没有一点以前的样子了。所以说,高适确实是草根,祖上的光他是一点儿没沾到。

公元 720 年,高适二十一岁,所谓人穷志不穷,他一个意气风发的少年怀揣着梦想来到繁华的长安城,开始了"京漂",希望能被人赏识,得到一个机会,有个好前程。但结果并不如愿,高适根本没捞到一官半职。

没钱的高适只好游荡在梁宋等地,之后在一个不仅物价房价很低,连 PM2.5 都很低的宋城(今河南商丘)定居了。高适靠种地和钓鱼赚生活费,偶尔也去街上要要饭,就这样一头扎进了耕读生活,胸怀大志,苦苦等待着新的机遇。

公元 731 年,高适三十二岁了,不想继续摆烂的他决定仗剑西行,北游燕赵,《信安王幕府诗》《塞上》《蓟门五首》等诗差不多都是这个时候写的。

公元 734 年春,高适在返回宋城的途中写下了这么一句诗:"十年守章句,万事空寥落。"

"我读书读了十年,啥也没捞着"。

惨,实在是惨哪。

公元 735 年,在高适三十六岁的时候,科考又开始了,高适如同十年前那个刚来到京城的少年一样,意气风发,踌躇满志,写下了《别韦参军》:

明·沈周《竹林茅屋图》(局部)

>二十解书剑，西游长安城。
>
>举头望君门，屈指取公卿。
>
>国风冲融迈三五，朝廷欢乐弥寰宇。
>
>白璧皆言赐近臣，布衣不得干明主。
>
>归来洛阳无负郭，东过梁宋非吾土。
>
>兔苑为农岁不登，雁池垂钓心长苦。
>
>世人遇我同众人，唯君于我最相亲。
>
>且喜百年有交态，未尝一日辞家贫。
>
>弹棋击筑白日晚，纵酒高歌杨柳春。
>
>欢娱未尽分散去，使我惆怅惊心神。
>
>丈夫不作儿女别，临歧涕泪沾衣巾。

"哥这次高低整个官当当。"

但结果还是一样，什么也没捞着。还真是走出半生，归来仍是少年，一穷二白，没车没房还没存款。

公元738年，高适三十九岁，在返宋城途中写了一首轰动文坛的边塞诗《燕歌行》：

>汉家烟尘在东北，汉将辞家破残贼。
>
>男儿本自重横行，天子非常赐颜色。
>
>摐金伐鼓下榆关，旌旆逶迤碣石间。
>
>校尉羽书飞瀚海，单于猎火照狼山。
>
>山川萧条极边土，胡骑凭陵杂风雨。
>
>战士军前半死生，美人帐下犹歌舞。
>
>大漠穷秋塞草腓，孤城落日斗兵稀。
>
>身当恩遇恒轻敌，力尽关山未解围。

铁衣远戍辛勤久，玉箸应啼别离后。
少妇城南欲断肠，征人蓟北空回首。
边庭飘飖那可度，绝域苍茫更何有。
杀气三时作阵云，寒声一夜传刁斗。
相看白刃血纷纷，死节从来岂顾勋。
君不见沙场征战苦，至今犹忆李将军。

《燕歌行》一炮而红，成为当时的"年度金曲"。不过诗红人不红，高适之后一直住在宋州，生活依旧潦倒窘迫。

公元745年，高适在睢阳偶然遇到了从洛阳过来旅游的一对文坛大咖，他俩一个叫李白，一个叫杜甫。那一年，高适四十六岁，李白四十五岁，杜甫三十四

宋·佚名《胡笳十八拍图卷·第十六拍》

岁，李白刚被唐明皇"赐金放还"，杜甫科举落第，三个人都没学历、没功名、没工作。三个"倒霉蛋"凑在一起，实在是同病相怜，相见恨晚。他们住在一起，白天喝酒写诗、骑马打猎，夜晚畅谈人生理想，感情好到不行。

公元747年，隆冬时节，大雪纷飞。高适和李白、杜甫分别之后，在河南睢阳城内遇到了董庭兰。董庭兰当时五十二岁，是个琴师，也丢了饭碗，在长安混不下去了，背着一把古琴四处流浪，途经睢阳的时候在一家小酒馆里和高适见了一面。

两个无业人士都一事无成，同病相怜，在桌上畅谈，一把鼻涕一把泪，高适还写了一首诗安慰董庭兰：

别董大（其一）
十里黄云白日曛，北风吹雁雪纷纷。
莫愁前路无知己，天下谁人不识君？

这首诗看起来是安慰董庭兰，其实也是高适在安慰自己啊。

"莫愁前路无知己，天下谁人不识君？"但是什么时候才能实现呢？两人热泪盈眶，都感动得不行，但是吃完饭后该结账了，高适和董庭兰两人大眼瞪小眼。眼看这饭钱没人结，高适又大笔一挥写下一首诗：

别董大（其二）
六翮飘飖私自怜，一离京洛十余年。
丈夫贫贱应未足，今日相逢无酒钱。

意思就是，我走了十年了，实在是没钱，要不这顿饭还是你请吧。

公元749年，高适在五十岁的时候，终于得到了张九龄的弟弟张九皋的赏识，被推荐做封丘尉——一个芝麻官，负责当地治安和税收。一入官府深似海，虽然他也只能成天对着领导卑躬屈膝，但是依旧没有忘记自己的理想。

老子一定会出人头地！

公元750年，高适五十一岁，他奉命北使青夷军送兵。或许是此行让他感触太多，公元751年，他在居庸关的黄土上留下了怀才不遇的三首感叹：

使青夷军入居庸三首（其三）
登顿驱征骑，栖迟愧宝刀。

远行今若此，微禄果徒劳。

绝坂水连下，群峰云共高。

自堪成白首，何事一青袍。

公元752年，五十三岁的高适最终还是选择了辞职。但是没想到，辞职之后，命运突然给高适开了个后门。

公元753年，刚刚辞官不久的高适得到了梁丘的引荐，被哥舒翰邀请成为左骁卫兵曹兼掌书记，并一起前往了当时军事前线河西。哥舒翰名气很大，是当时朝廷的红人，很欣赏高适，于是不断提拔他。

公元755年末，三镇节度使安禄山在范阳起兵叛乱，当时任监察御史的高适奉命辅佐哥舒翰镇守潼关。潼关是长安的门户，战略位置十分重要，安禄山久攻不下，使用各种计策引诱哥舒翰出战，哥舒翰就是不上当，闭门不出。

安禄山着急，这边唐玄宗更着急，盲目命令哥舒翰主动出击，结果导致全军溃败，哥舒翰被俘。高适向唐玄宗陈述了战败的原因，又对时局进行了透彻的分析。唐玄宗一看，这小子行，就让他去辅佐太子李亨。不久后，李亨登基为唐肃宗，任命高适为淮南节度使。高适上任后，参与平定了永王李璘的叛乱。

而高适的老朋友李白就惨了，这哥们儿一口气写了十一首《永王东巡歌》，结果成了他参与谋反的罪证，他也因此而被捕入狱了。李白在浔阳狱中写了一首《送张秀才谒高中丞》，向高适求救：

秦帝沦玉镜，留侯降氛氲。
感激黄石老，经过沧海君。
壮士挥金槌，报仇六国闻。
智勇冠终古，萧陈难与群。
两龙争斗时，天地动风云。
酒酣舞长剑，仓卒解汉纷。
宇宙初倒悬，鸿沟势将分。
英谋信奇绝，夫子扬清芬。
胡月入紫微，三光乱天文。
高公镇淮海，谈笑却妖氛。
采尔幕中画，戡难光殊勋。
我无燕霜感，玉石俱烧焚。
但洒一行泪，临歧竟何云。

"高弟啊，我俩的关系这么铁，如今哥哥有难，你拉哥一把吧。"

但是审时度势的高适并没有帮他，两人也因此绝交了。

关于高适没有救李白，很多不明真相的看客总是会指责高适无情无义，忘记了当年两人的情谊。其实稍微了解一下当时李白的罪名，就知道救他有多难：李白犯的可是叛乱的重罪，而且是针对刚刚登基不久的新皇帝。连皇帝最爱的弟弟——这次叛乱的永王李璘都被杀了，何况李白，这是其一。其二，说句扎心的话，当时的李白和高适已经是两个世界的人了，就像毕业多年后再聚会的同学，职业的选择、人生的际遇和认知，早已天差地别，微信加没加都不一定。

历史的真相总是不如想象中那么美好，它复杂且残酷，但它是事实。

公元 759 年，六十岁的高适遭到了他人的造谣诽谤，被贬之后出任彭州刺史。高适的另一个老朋友杜甫当时在成都穷困潦倒，茅屋都被秋风吹破了，吃了上顿没下顿。高适那个时候经常帮杜甫，逢年过节就给杜甫送点饭菜粮油，杜甫特别感动，写了《酬高使君相赠》：

古寺僧牢落，空房客寓居。

故人供禄米，邻舍与园蔬。

双树容听法，三车肯载书。

草玄吾岂敢，赋或似相如。

"高哥，有你真好。"

公元 760 年，高适六十一岁，改任蜀州刺史。公元 764 年，高适六十五岁，奉诏还京，任刑部侍郎，后又转任散骑常侍。此时的高适已经官至三品，还被晋封为渤海县侯，成了唐代唯一封侯的诗人。

公元 765 年正月，高适离世，享年六十六岁。

回顾高适的一生，从乞讨生活，到做官封侯，他经历了漫长的蛰伏，可谓大器晚成。

困顿窘迫之时依旧乐观努力，功成名就之时依旧沉着稳重。有梦想谁都了不起，关键是永不言弃。因为该来的总会来的，只要不忘初心，学习高适的"死磕"精神，命运总会眷顾一次。

高适的简历

- **籍贯**
  河北景县

- **生卒年**
  公元 700—765 年

- **荣誉称号**
  渤海县侯，"边塞四诗人"之一

- **职场经历**
  封丘县尉：干的是琐碎小事，天天摸鱼，不喜欢，裸辞；
  左骁卫兵曹兼任哥舒翰府掌书记：老板是朝廷大红人，又很赏识我，职业发展终于走上正轨；
  御史大夫兼任扬州大都督府长史、淮南节度使：与韦陟、来瑱共同平定江淮之乱，打败永王李璘；
  彭州刺史：为解救被压榨和剥削的黎民，大胆提出改革建议，可惜皇帝老板不予采纳；
  蜀州刺史：跟随西川节度使崔光远讨叛臣段子璋，工作之余时时接济老朋友杜甫；
  刑部侍郎转为散骑常侍：被封为渤海县侯，到达了职业生涯最高点。

- **成就事件**
  唐朝唯一凭军功封侯的诗人；
  参与平定永王叛乱，草根逆袭、大器晚成的典型代表。

- **自我评价**
  职场上跟对领导很重要！

- **主要作品**
  《别董大》《燕歌行》《塞下曲》《蓟门行五首》等。

崔颢

糊了半生，仅靠一首诗翻盘，
竟让李白都甘拜下风

他少年成名，却终生不得志；他的《黄鹤楼》堪称绝唱，一直被模仿，但从未被超越，连李白也因"崔颢题诗在上头"而搁笔。

公元704年，崔颢出身于唐朝著名的世家大族——博陵崔氏，妥妥的名门望族。生在这样的家庭里，崔颢从小的生活可想而知，不说多大富大贵，吃穿不愁那是肯定的。但正因为生在这样的家族，崔颢从小就被要求熟读经典，博览群书，在别人家孩子外出玩耍打闹的时候，他就被要求在高墙之内读书，童年的乐趣就这样被扼杀在了父母的手中。

不过，好在压力换来的是早日成名。公元723年，年仅二十岁的崔颢考中了进士，不知让多少寒窗苦读几十年的学子羡慕不已。按照正常的人生走向来看，这样一个极富才华的适龄青年，就算仕途没有青云直上，但也应该混得还不错。那时候的他凭借着自己的聪明才智，在当地也小有名气。喜好人才的李邕是当时著名的书法家和文学家，这个算得上是文坛权威的人因为听说了崔颢的才名，非常想见见这个年轻人，于是便邀请他来家中坐坐。对于崔颢来说，这实在是一次跃龙门的机会，按照惯例肯定是要准备好作品才行，并且要把最出色的作品放在第一篇。可不知道崔颢是不是真缺心眼儿，竟然从怀里拿出自己新写的诗《王家少妇》：

> 十五嫁王昌，盈盈入画堂。
> 自矜年正少，复倚婿为郎。
> 舞爱前溪绿，歌怜子夜长。
> 闲来斗百草，度日不成妆。

崔颢以美人出嫁来比喻知音赏识，将李邕比作王昌，而他自己，就是那个登堂入室、独占男神的十五岁少女。这狂妄且直接的形容，让李邕这个保守的老头接受不来，留下一句"小儿无礼"便拂袖而去，只剩崔颢一人在风中凌乱，心想：我不就打个比方嘛，不至于这么老古板吧。可惜这么一闹，崔颢的仕途之路估计就不好走了。

受到李邕羞辱后的崔颢，自暴自弃了几年，在官场上不得志，只好把满腹愁绪寄托于诗、酒、美人上，经常流连于京城的勾栏瓦肆，赌博嗜酒。喝酒没喝出个"酒仙""诗仙"的好名声就罢了，嗜赌又落得个赌徒的形象。另外，崔颢还是个出了名的颜控，别人娶妻娶贤，他娶妻的标准只有一个：漂亮，并且喜新厌旧得厉害，稍微不满意，就把人家姑娘抛弃了，今儿个刚娶了王家的小姐，明儿个就又看中了郑家的姑娘，属实是人品不怎么样啊！

《旧唐书》中这样记载："崔颢者，登进士第，有俊才，无士行，好蒱博、饮酒。及游京师，娶妻有貌者，稍不惬意，即去之，前后数四。"也不枉世人对崔颢"有文无行"的评价。当然崔颢的这些行为也导致了背后对他指指点点的人更多了，名声一差再差，更无人愿意引荐他，仕途上基本是晋升无望了。

崔颢陷入了深深的反思之中，这一次，他对自己的人生轨道进行了大幅度的校正，从颓废中愤然崛起。此后，崔颢诀别京城，仗剑远行，叩访边塞，游历江南。这一走就是二十年，他的足迹遍及大江南北、黄河两岸，甚至还在东北边塞

入过伍,这首《辽西作》就是他在军中做幕僚时写下的:

> 燕郊芳岁晚,残雪冻边城。
> 四月青草合,辽阳春水生。
> 胡人正牧马,汉将日征兵。
> 露重宝刀湿,沙虚金鼓鸣。
> 寒衣著已尽,春服与谁成。
> 寄语洛阳使,为传边塞情。

可以看出崔颢已经从"油滑鲜肉"成功转型为"型男"了,他也不再是那个只写小情小爱的无礼小儿。

元·夏永《黄楼赋图》

约在公元 744 年的一天，崔颢外出偶然登临黄鹤楼，看着远处的青山和流水，回望自己的前半生，有感而发，提笔写下了这首千古名篇《黄鹤楼》：

昔人已乘黄鹤去，此地空余黄鹤楼。
黄鹤一去不复返，白云千载空悠悠。
晴川历历汉阳树，芳草凄凄鹦鹉洲。
日暮乡关何处是，烟波江上使人愁。

就是这首诗，让一个本来注定被埋没的放浪子弟，转眼就成为唐朝众多诗人中璀璨的一颗星。以至于后来李白登黄鹤楼时，看到墙壁上崔颢的大作，满腔的写诗兴致顿时被压抑，叹道："眼前有景道不得，崔颢题诗在上头。"其心中郁闷，可想而知。离开黄鹤楼的李白一直都放不下这件事，堂堂"诗仙"似乎也遇到创作瓶颈了，他曾先写下《鹦鹉洲》：

鹦鹉来过吴江水，江上洲传鹦鹉名。
鹦鹉西飞陇山去，芳洲之树何青青。
烟开兰叶香风暖，岸夹桃花锦浪生。
迁客此时徒极目，长洲孤月向谁明。

可能仍是觉得和崔颢的《黄鹤楼》比差点意思，他又下笔写了一首《登金陵凤凰台》：

凤凰台上凤凰游，凤去台空江自流。
吴宫花草埋幽径，晋代衣冠成古丘。
三山半落青天外，二水中分白鹭洲。
总为浮云能蔽日，长安不见使人愁。

明眼人一看就知道，这两首诗是模仿崔颢的《黄鹤楼》写的，但无论如何，还是不及《黄鹤楼》的境界。

而另一边，崔颢浪迹江湖二十年后，心中仍涌动着一万个不甘心、不服输，最后还是咬紧牙关，决定回长安再放手一搏。但有时候，命运总喜欢跟人开玩笑，对崔颢更是如此。回到长安准备大展拳脚的他，等来的仍是一个不起眼的官职——司勋员外郎，这二十年终究是错付了。最终，崔颢于公元754年去世，年仅五十一岁。

细数崔颢这一生，可谓传奇颇多。出身显赫，少年成名，看似有着最光明的前程，然而终不得志。他理解过一户人家中女人的愁怨，也体会过面对天地苍茫、人类渺小的感叹；他写过风花雪月的故事，也道过大气磅礴的过往。他留下了一首千古名作《黄鹤楼》，历史上也多了一位从"肤浅"变为"凛然"的诗人。

崔颢

的简历

● **籍贯**
河南开封

● **生卒年**
公元 704—754 年

● **荣誉称号**
无

● **职场经历**
太仆寺丞：这工作，还行，但我因为喜欢美女，在京城名声臭臭的，一直升不了职，走人了；
司勋员外郎：走了二十多年了，回来还是芝麻官，我人都麻了。

● **成就事件**
我的得意之作《黄鹤楼》，一直被模仿，连李白那小子都没超越。

● **自我评价**
出走半生，归来仍是素人。

● **主要作品**
《江畔老人愁》《黄鹤楼》等。

杜甫

心怀天下,"诗中圣哲",
他的眼里满是烟火人间的苦与乐

他是千古留名的"诗圣",让"诗史"成为诗坛耀眼的一笔;他也是倒霉诗人的"代言人",三次落榜,十年漂泊,别人有苦难言,他却将心中的苦酿成诗中佳品,回响千年。

公元712年,唐玄宗李隆基即位,同年,杜甫在河南巩县出生。杜甫家中世代为官,先祖杜预曾是功高封侯的名将,一句"城南韦杜,去天尺五",足以看出杜氏家族的声望。他的父亲是县太爷,母亲出身于五姓七望之一的清河崔氏,是个豪门千金,但是母亲在杜甫很小的时候便离世了。之后杜父续娶,继母有了孩子后,小杜甫在家中的地位就有些尴尬了。

因为心疼侄子,杜甫的姑姑接他到洛阳家中抚养。姑姑对他比对自己的亲儿子还好,后来杜甫在给姑姑的墓志铭中写道:"甫,制服于斯,纪德于斯,刻石于斯。"可见杜甫对姑姑的敬重和深厚感情。墓志铭中还记载了这样一件事:

> 甫昔卧病于我诸姑，姑之子又病间，女巫至，曰："处楹之东南隅者吉，姑遂易子之地以安我，我是用存，而姑之子卒……"

由此可见姑姑的无私厚爱，可以说没有姑姑的悉心照顾，就不会有后来忧国忧民的一代"诗圣"。

杜甫从小衣食无忧，六岁在河南看大明星公孙大娘舞剑，七岁作诗"开口咏凤凰"，十三岁听"大歌星"李龟年唱歌，十九岁开始当"背包客"去山西游玩，二十岁又到江苏、浙江一带溜达了好几年。人生的前二十三年，有钱有闲的杜甫过得十分潇洒。

公元736年，二十五岁的杜甫赶到洛阳参加科考，结果落榜了。这次没考好纯属是因为他自己才识欠佳，但他没有选择复读，而是继续做一个快乐的旅行人，开始了他的"快意八九年"。其间在泰山游玩时他还写出这首名诗《望岳》：

清·爱新觉罗·弘旿《弘旿岱岩标胜册》

岱宗夫如何？齐鲁青未了。
造化钟神秀，阴阳割昏晓。
荡胸生曾云，决眦入归鸟。
会当凌绝顶，一览众山小。

在兖州时，杜甫喜欢上了骑马和箭术，还花了大量的时间观光狩猎。

公元740年，杜甫的父亲去世，他不能继续啃老，也没有赚钱的技能，所以从这一年开始，他的人生开始走向下坡路。公元742年，杜甫三十一岁，在当时属于"大龄剩男"的他终于娶了老婆。杨氏是个温婉贤惠的大家闺秀，和杜甫算得上是门当户对，但当时杜家已经走向败落，杨氏嫁给他之后，过着拮据的生活，好在杜甫十分专一，一生只钟爱这一位贤妻。

公元744年，杜甫在洛阳遇到了比他大十一岁的偶像李白。当时李白刚从唐玄宗那儿辞职，带着退休金开始享受生活，看了杜甫的诗作后很是欣赏。得到偶像夸赞的杜甫心里美滋滋的，两人很快成了朋友，一起游玩饮酒，成天"痛饮狂歌空度日，飞扬跋扈为谁雄"。李白还带着他寻仙人、采仙草、炼仙丹，一句"醉眠秋共被，携手日同行"足以证明当时哥儿俩的感情有多深厚了。后来他们一同遇到了"边塞诗人"高适，三个作诗小能手聚在一起，度过了一段可以暂时忘记烦恼的快乐时光。分别后，杜甫常常思念李白，冬天写"寂寞书斋里，终朝独尔思"，春天写"何时一樽酒，重与细论文"。他夸李白的才情——"笔落惊风雨，诗成泣鬼神"；夸李白的潇洒——"李白一斗诗百篇，长安市上酒家眠，天子呼来不上船，自称臣是酒中仙"；夸李白是"作诗天花板"——"白也诗无敌，飘然思不群"。瞧瞧，他恨不得把李白夸上天，李白的"头号迷弟""粉丝后援团团长"非他杜甫莫属。

古人云"三十而立"，杜甫得抓紧时间找份正经工作，不能再做个无业游民了。作为一个有才华的文人，他的理想工作自然是做官，想做官自然要参加科考。于是公元747年，杜甫抱着"读书破万卷，下笔如有神"的自信，参加了他的第二次公考。理想很丰满，现实很骨感，"复读生"杜甫又落榜了，这次他不像第一次落榜时那样洒脱，因为这时的杜甫已经三十五岁，有了年龄焦虑。

第二次科考失败，不是因为杜甫才华不够，而是因为这次考试就是一个大骗局。当朝宰相李林甫为了不让有才能的读书人进入朝廷参与朝政，故意让参加考试的人全部落榜，还告诉唐玄宗说，因为陛下治国有方，已经没有遗漏在外的人才了。这时的唐玄宗整天沉迷玩乐，对于李林甫瞎编乱造的"野无遗贤"并没觉得有问题。

通过科考当官的路走不通，"大冤种"杜甫开始不断写诗，向权贵官员投简历、求推荐，希望谋得一官半职，结果却是四处碰壁。杜甫不会花言巧语，他的诗不是大唐盛世的赞歌，而是社会不安的反映。公元750年，三十九岁的杜甫投了三大礼赋，引起了唐玄宗的注意。唐玄宗派人专门给杜甫准备了一场考试，这在当时的文人圈引起了不小的轰动。这样专门为一个人出考卷的殊荣，在当时是独一份的，但主考官还是之前的"大忽悠"李林甫，结果可想而知，大冤种杜甫第三次公考失败，但是唐玄宗让他"待制集贤院"，也就是说杜甫成了等待上岗的候补公务员，只是没想到这一等就是四年。

公元755年，盼星星盼月亮的杜甫却盼来了一个芝麻大的小官——河西县尉，尽管这时家里已经穷得叮当响，他还是拒绝了这份工作。随后朝廷让他改任右卫率府兵曹参军——从八品的闲职小官，杜甫最终不得已接受了这份工作。次月，安禄山在范阳起兵叛乱，时局动荡，这场变乱是无数人生活的转折点，杜甫也不例外。他回家探亲时，还没进门就听到哭声，原来是自己的小儿子饿死了。杜甫悲痛不已，写下"所愧为人父，无食致夭折"。这就是著名的《自京赴奉先县咏怀五百字》，是最集中披露杜甫一生心事的长篇。尽管自己至今一事无成，还连累了家人，但是他依旧写下"穷年忧黎元，叹息肠内热"的壮语，以及"朱门酒肉臭，路有冻死骨"这样痛批当时社会巨大贫富差距的时评。这正是杜甫的伟大之处。

公元756年，因为安禄山起兵叛乱，唐玄宗逃到蜀地，太子李亨登基为唐肃宗。杜甫一听到消息，就立刻安排一家老小住在亲戚家，随后动身赶去投奔肃宗，想报效朝廷，但是人在倒霉的时候喝口凉水都塞牙，半路上杜甫被叛军抓住，被押送到长安，之后他写下了那首《月夜》，表达对家人的思念之情：

> 今夜鄜州月，闺中只独看。
> 遥怜小儿女，未解忆长安。
> 香雾云鬟湿，清辉玉臂寒。
> 何时倚虚幌，双照泪痕干。

还写下了那首著名的《春望》：

> 国破山河在，城春草木深。
> 感时花溅泪，恨别鸟惊心。
> 烽火连三月，家书抵万金。
> 白头搔更短，浑欲不胜簪。

清·丁观鹏《杜甫诗意图全卷》（局部）

挂念亲人、心系国事，充溢着凄苦哀思，爱国之情溢于言表。好在他当时名气不大，被关后没多久就偷跑出去了。其间他写下了史诗级别的作品——"三吏""三别"，深刻展现了民间疾苦，以及自己身处乱世的悲苦。

公元759年，"麻鞋见天子，衣袖露两肘"的杜甫感动了唐肃宗，被封了左拾遗的官职，这个八品官是杜甫一生中做过的最高的官位。可惜做了没几个月，就因为替朋友房琯说情，被贬为华州司功参军。朝廷饱受战乱，不能按时发工资，杜甫穷到没办法养家糊口，只能选择弃官去投奔亲朋好友。他自己的生活已经很艰难了，却还无时无刻不在牵挂亲人好友。得知李白被捕入狱时，他日夜思念："故人入我梦，明我长相忆。"和弟弟久无音讯时，他大发感叹："露从今夜白，月是故乡明。"在那个艰难困苦的岁月里，杜甫总是一副愁眉苦脸的模样，因为内心的羁绊和牵挂太多了，他为自己苦，更为他人愁。

公元760年春，在严武、高适等朋友的帮助下，杜甫终于在成都有了一个草堂，把一家老小安顿下来，度过了大概四五年的安定时光。他亲自耕作，种菜养花，写出那篇著名的《春夜喜雨》：

<blockquote>
好雨知时节，当春乃发生。
随风潜入夜，润物细无声。
野径云俱黑，江船火独明。
晓看红湿处，花重锦官城。
</blockquote>

美景入作也是他短暂的安定生活的反映。公元761年深秋，杜甫房子上的茅草被风刮走了。屋漏偏逢连夜雨，饥儿老妻，彻夜难眠，杜甫又写下《茅屋为秋风所破歌》。诗中叙述了他的痛苦窘境，但其中最著名的还是那句"安得广厦千万间，大庇天下寒士俱欢颜"，体现了忧国忧民的崇高思想境界。

公元762年，由于"安史之乱"，杜甫一度避往梓州。第二年，叛乱得以平定，得到消息的那一刻，他立刻写下一首《闻官军收河南河北》，喜悦之情跃然纸上：

剑外忽传收蓟北，初闻涕泪满衣裳。
却看妻子愁何在，漫卷诗书喜欲狂。
白日放歌须纵酒，青春作伴好还乡。
即从巴峡穿巫峡，便下襄阳向洛阳。

之后杜甫回到成都草堂，当时他的心情很好，写下那首《绝句》：

两个黄鹂鸣翠柳，一行白鹭上青天。
窗含西岭千秋雪，门泊东吴万里船。

公元764年，严武推荐杜甫做检校工部员外郎，也就是严武的参谋，后人因此又称杜甫为"杜工部"。公元765年四月，严武去世，杜甫离开了成都，途中他写下《旅夜书怀》，感伤老年多病、漂泊无依的心境：

细草微风岸，危樯独夜舟。
星垂平野阔，月涌大江流。
名岂文章著，官因老病休。
飘飘何所似，天地一沙鸥。

公元766年，杜甫带着一家人来到夔州，在都督柏茂林的照顾下，杜甫一家暂时安顿下来，租了一些公田，买了四十亩果园，雇了几个雇工，过起了充实安定的生活。虽然生活平和，但他的心仍在漂泊，于是又写下了著名的《登高》：

风急天高猿啸哀，渚清沙白鸟飞回。
无边落木萧萧下，不尽长江滚滚来。
万里悲秋常作客，百年多病独登台。

清·戴进《长江万里图卷》（局部）

艰难苦恨繁霜鬓，潦倒新停浊酒杯。

其中"万里悲秋常作客，百年多病独登台。艰难苦恨繁霜鬓，潦倒新停浊酒杯"，倾诉了他长年漂泊、生活困顿的感情，整首诗流露着无尽的哀意与悲凉。这首诗也一直被誉为"古今七律第一"。

这一年，在偏远的夔州，他遇到了公孙大娘的弟子李十二娘，他写《观公孙大娘弟子舞剑器行》："昔有佳人公孙氏，一舞剑器动四方。"思绪飘然到很多年前，那时他还是一个无忧无虑的少年，大唐还是开元盛世，一片繁荣。如今身处异地，在两鬓斑白知天命的年纪，再次看到舞剑，已是物非人非，怎能不教他感慨万千？

公元770年，是杜甫在人世间的最后一年，杜甫一家离开夔州，开始辗转漂泊，来到潭州，在这里他意外地与曾经的"大歌星"李龟年相逢了，所有的唏嘘感慨都化作了那首《江南逢李龟年》：

岐王宅里寻常见，崔九堂前几度闻。
正是江南好风景，落花时节又逢君。

那是很多很多年前，他们也曾意气风发，如今却漂泊困苦、凄凉凋零。大概没有经历过的人，很难体会到他们当时的心境。之后杜甫再次遇到臧玠在潭州作乱，在逃往衡州的路上，遇到江水暴涨，只能暂时停留在方田驿，五天没吃到东西。幸亏县令聂某派人送来酒肉，他才得救。公元770年冬，杜甫在湘江的一条小船上离世，结束了他漂泊困顿的生活，时年五十九岁。

　　杜甫，字子美，唐代伟大的现实主义诗人，本是出身名门的"富二代"，少年无忧无虑，中年穷困潦倒，蹉跎一生，壮志未酬，但写下的许多诗作都成了传世经典，被后人誉为"诗圣"。白居易评价他："杜诗贯穿古今，尽工尽善，殆过于李。"王安石坦言："世间好语言，已被老杜道尽。"苏轼盛赞杜甫："古今诗人众矣，而子美独为首者。"朱熹评价说："皆所谓光明正大，疏畅洞达，磊磊落落而不可掩者也。"生活待他总是有些苛刻，有人说"李白绣口一吐便是半个盛唐，那杜甫眉头一蹙又补全半个乱世"，但我觉得，他写的不仅仅是乱世，他有一双洞察世间的慧眼和一副慈悲壮阔的心肠，才会写出"民间疾苦，笔底波澜"，让每一个心怀家国的人都铭记"安得广厦千万间"的热望。

杜甫的简历

● **籍贯**
河南巩县

● **生卒年**
公元712—770年

● **荣誉称号**
"诗圣",和李白并称"李杜",唐代伟大的现实主义诗人

● **职场经历**
右卫率府兵曹参军：虽然职位低，但好歹有个工作养家糊口，没想到外部环境差，遇上"安史之乱"，丢了工作；

左拾遗：这个工作符合我的职业方向，但是话多被老板开除了；

检校工部员外郎：不喜欢，因个人原因裸辞。

● **成就事件**
一首《登高》被誉为"古今七律第一"，从未被超越；

"三吏""三别"成为现实主义叙事诗代表作，写实风格为作品赢得了"诗史"称号，成为动乱时代的最鲜活的注脚。

● **自我评价**
我是唐朝的"杜不易"，像我这样优秀的人，本该灿烂过一生，怎么二十多年到头来，还在人海里浮沉……

● **主要作品**
《望岳》、《春望》、《茅屋为秋风所破歌》、"三吏"、"三别"等。

岑参

唐朝走得最远的边塞诗人，
却走不出壮志难酬的命运轨迹

> 他是唐代大西北的"旅游博主"；他是杜甫的好友，与王昌龄是莫逆之交，和高适齐名，是"大唐边塞F4"里写边塞诗数量最多的人。

公元718年，岑参出身于一个官僚家庭。他的家族里出现过三位宰相，有着"一门三相"的荣耀。但是岑参比较倒霉，在他出生之前，他家的上一位宰相岑羲（岑参伯父）就因为卷入了太平公主和李隆基的政治斗争，害得自己丢了脑袋不说，更是连累全族被抄家流放。

岑参出生的时候，他的父亲岑植在仙州（今河南省平顶山市叶县）做官。官职虽然不是特别高，但对当时的岑家来说已经很好了。然而没过几年，岑植就死了，岑参只能和他的母亲及两个兄弟相依为命，就此开始了他漂泊不定的一生。

公元732年，十五岁的岑参移居嵩山。嵩山是什么地方呢？终南山你听过吧，嵩山和它差不多，都是那些不想当官了的隐士喜欢待的地方。岑参年纪轻轻，直接少走几十年弯路。

但大唐不愧为大唐，审美与众不同，归隐也与众不同。别的朝代的隐士是"甄士隐"——真的想隐，唐朝的隐士主打一个氛围感。实际上帝后、公主、刺史、县令等在其他朝代被隐士避之不及的权贵，他们将其奉为上宾，也丝毫不避讳出入这些达官贵人的门庭。

当时的皇帝喜欢洛阳，而嵩山又靠近洛阳，于是，隐士们弃"终南捷径"如敝屣，拖家带口地往嵩山奔。岑参误打误撞，本来日子是粗茶淡饭紧紧巴巴的，却意外住了个风水宝地。他在嵩山上隐居读书，一直读到二十岁，也不知道是受身边隐士的影响，还是他自己本就有一腔抱负，反正他最终决定：下山！我要做官！

公元737年，二十岁的岑参走出嵩山，前往洛阳准备"献书阙下"。这个所谓的"献书阙下"，是女皇武则天的一项政治小发明。女皇一声令下，帝都立刻冒出四个大铜箱子，其中有一个铜箱被命名为"延恩"。无论贫穷还是富有，健康还是疾病，只要你有良策，都可以投进"延恩"之中，为国家出言献计，为自己谋取功名。

岑参的曾祖父岑文本就是靠着向太宗皇帝呈上自己的著作受到重用的。岑参有榜样在前，来到洛阳自然是踌躇满志，觉得自己"云霄坐致，青紫俯拾"，只要他也呈上著作，马上就会被拜为公卿。但现实狠狠打了他一耳光，他的献书不仅毫无回应，此后十年间，他更是在长安与洛阳之间来回奔波，整个人穷困又潦倒。

不过十年磋磨，岑参也不算一无所获，娶老婆，逛山河，还结识了一群肝胆相照的好朋友，其中便有"七绝圣手"王昌龄。

公元744年，岑参终于考中进士，又在三年后当上了人生中的第一个官——右内率府兵曹参军。这个兵曹参军，他的好朋友杜甫也做过，名字听着挺唬人，其实就是个坐办公室写材料的八品小公务员。可能你要说，有官做就不错了，小就小点吧，还能辞职咋的？但是呢，岑参这次考试是高中一甲第二，相当于考了全国第二名。让这全国第二名的高材生来做个芝麻绿豆官，谁能愿意？不甘平庸的岑参将目光投向边塞，希望能在祖国的大西北有一番作为。

然而理想很丰满，现实很骨感。公元749年，岑参远赴边塞，只捞了个将军高仙芝的幕府掌书记做做，还是每天坐办公室，搞搞文字工作。岑参郁闷了：哥来这儿是想建功立业的，这做个小文员啥时候能有出息？待了两年之后，他回京述职，心里郁闷得不行，甚至想辞官回家了，但最终还是没下得了决心。

公元754年，三十七岁的岑参又来了雄心壮志，想要复兴家族荣光。他再一次申请出塞，跟着大将封常清来到北庭，担任安西北庭节度判官。这个官职地位可比之前的文秘高多了，岑参的情绪也高昂了许多，还迎来了他诗歌创作的高峰。那首流传千年的《白雪歌送武判官归京》便是这一时期创作的：

北风卷地白草折，胡天八月即飞雪。
忽如一夜春风来，千树万树梨花开。
散入珠帘湿罗幕，狐裘不暖锦衾薄。
将军角弓不得控，都护铁衣冷难着。
瀚海阑干百丈冰，愁云惨淡万里凝。
中军置酒饮归客，胡琴琵琶与羌笛。
纷纷暮雪下辕门，风掣红旗冻不翻。
轮台东门送君去，去时雪满天山路。
山回路转不见君，雪上空留马行处。

明·文徵明《关山积雪图》（局部）

其中一句"忽如一夜春风来，千树万树梨花开"更是成了写雪的千古名句。但是遗憾的是，这次出塞依然没有给岑参挣来建功立业的机会，他写下"悔向万里来，功名是何物"，开始怀疑人生了。

公元755年，安禄山在范阳起兵，带领二十万大军直扑洛阳，"安史之乱"就此爆发。此时岑参的两位上司——高仙芝和封常清正好都在朝廷，唐玄宗就命他俩去防守洛阳。

但这两位大将的部队全都远在北庭，一时根本赶不过来，来不及等待的高仙芝和封常清只好临时招兵作战。可这些临时兵哪里打得过安禄山的军队？洛阳很快失守，在封常清的提议下，他们退守潼关，只要保住潼关，就能保住长安，先把大唐的心脏守住再说。

但唐玄宗听信了身边小人的谗言，认为他们讨伐不力，故意闭关不出，想克扣军饷，居然下令处死了高仙芝和封常清。他们死后，长安也失守了，大唐从此由盛转衰。

公元757年的正月，四十岁的岑参跟着安西北庭的大军回到中原。在平定"安史之乱"的战役中，北庭大军伤亡殆尽，没能再度返回西域。而岑参回到长安后，也许是太伤心，也许是太失望，他对自己在边塞的往事只字不提。之后的日子里，他做过官，也遭过贬职。

公元767年，五十岁的岑参前往嘉州担任刺史。这个四品官是他一生中最高的官职，但仅仅一年后，他就被罢去了官职。这时的岑参，早已不是那个一心追求功名、渴望重振家族荣光的岑参了。在经历过这么多年的官场浮沉后，他的内心无比平静，也时常感到孤独。他在《客舍悲秋，有怀两省旧游，呈幕中诸公》写道：

> 三度为郎便白头，一从出守五经秋。
> 莫言圣主长不用，其那苍生应未休。
> 人间岁月如流水，客舍秋风今又起。
> 不知心事向谁论，江上蝉鸣空满耳。

公元769年的秋冬交替之际，岑参在成都的一间旅社去世，享年五十二岁。回首岑参的一生，五岁读书，十岁著文，十五岁隐居读书，二十岁下山，两度出塞，却始终没有得到重用。陆游评价他是李白、杜甫之后的第一人，严羽说他的诗词读来令人感慨万千。尽管他的政治抱负没有实现，但他为我们留下了许多荡气回肠的边塞诗歌。

岑参
的简历

- **籍贯**
  河南南阳

- **生卒年**
  公元 718—769 年

- **荣誉称号**
  "边塞四诗人"之一,与高适并称为"高岑"

- **职场经历**
  右内率府兵曹参军:成天坐在办公室写材料,不符合我的职业发展方向;

  高仙芝幕府掌书记:还是坐在办公室写材料,换工作还是没解决问题;

  起居舍人后转为安西北庭节度判官:二次去西部发展,虽然职位略有晋升,但起色不大,倒是西部的风土人情给了我很多创作灵感;

  嘉州刺史:职场最高的职位,但是一年后被辞退了。

- **成就事件**
  去最远的边塞,让"千树万树梨花开"成为最著名的边塞风光之一,也是现在学生写作的范文。

- **自我评价**
  走同样的路线,为什么不能像高适那样?实名羡慕高适!

- **主要作品**
  《白雪歌送武判官归京》《逢入京使》《凉州馆中与诸判官夜集》等。

皎然

是一代诗僧，亦是"茶道之祖"，
"以茶代酒"是他推广成功的

他是"茶圣"陆羽的好哥们儿，是大唐第一诗僧，开创了以禅为诗的先河；他是有着极高品位的时代潮人，首次提出了"茶道"，在酒桌上能以茶代酒的人要谢谢他。

约公元720年，皎然出身于浙江湖州的世族谢家，那时候的他还叫谢清昼。他曾自称"康乐之十世孙"，就是谢灵运的第十代子孙。谢灵运是南北朝时期有名的文学家和旅行家，家中世代为官，按理说到谢清昼这一代应该已经积累了不少财富。但没想到谢清昼投胎时还是错过了最好的时机，到他这一代谢家的存款已快要见底。不过钱没就没了，幸好家里的藏书和家学还是远超一般家庭的，而幼年时的谢清昼就和别的小孩不太一样，不爱玩，爱读书，难道这就是基因的力量？

那会儿的唐朝正大力推行科举制度，考公务员从那时开始就是"热门榜Top1"的事情，谢清昼作为一个"潮人"自然也不能落下，他相信凭着自己的聪明才智，要考取功名不是小意思嘛！这个年纪的少年果然多少都有点普信啊！

于是约公元740年前后,二十一岁的谢清昼赴京应试。一到京城,他就先去京城的权贵人家串个门,混个脸熟,而且每到一处,必向主人介绍自己是谢灵运的后人。这名头确实好用,一听说谢清昼是谢灵运之后,大家都对他客客气气的。本以为考试前该准备的都准备了,该提前拜访走动的也都办得妥妥帖帖的,这下考上进士肯定没问题了。直到考试结束,谢清昼都觉得自己考得还不错,可等到揭榜,却是名落孙山,真的是希望越大,失望也越大。

科举落第的谢清昼打算先给自己放个小长假,再开始二战科考,就这样他开启了自己的穷游之旅。不久,在旅途中他就听说为官清廉、十分爱惜人才的张九龄被罢相了,接替他的竟然是口蜜腹剑的李林甫,谢清昼不禁意识到,大唐盛世已不复从前,自己就不要去蹚这趟浑水了。他就此打消了科考入仕的念头,看来只能另寻出路了。

之后,谢清昼便开始信仰道教,修仙求长生驻颜之术,"中年慕仙术,永愿传其诀",想练成一个仙风道骨的名家,可惜"药化成白云,形凋辞素穴",

明·仇英《游骑图》(局部)

看来道家这条路似乎也不是很适合他。

约公元 760 年，这时的谢清昼已经进入不惑之年了。浙江爆发了规模浩大的袁晁起义，其后又有朱泚作乱，浙江全境都饱受危害，"县郭室庐，变为灰烬"。他脑海中浮现出曾经繁荣的家园和安居乐业的百姓们，迷茫之际的他似乎有些大彻大悟，突然觉得佛教讲究善恶，倒是可以救济苍生。于是，他来到杭州灵隐寺拜访了守直大师，了解到南宗主张仕隐两不相妨，这不就是谢清昼做梦都想要的生活吗？

谢清昼就这样走上了皈依佛门之路，法号皎然。出家之后的皎然，又赶上了"安史之乱"。人在遇到危险的时候往往会想回到最熟悉的地方，皎然也不例外。就这样他又回到了故乡，在江浙附近一带游历。皎然有个梦想就是看遍名山，于是他一边游历山川，一边到各个山上的寺庙打卡，体验不同主题的寺庙"民宿"，听庙中的法师讲经，好不自在。

皎然虽没有考取功名，但不得不说他确实是有才华的，在当地也算是文人之首了。尽管谢家在那时已没有实际权力了，但皎然对祖上的崇拜仍是只增不减，他在《述祖德赠湖上诸沈》中这样写道：

我祖文章有盛名，千年海内重嘉声。
雪飞梁苑操奇赋，春发池塘得佳句。
世业相承及我身，风流自谓过时人。
初看甲乙矜言语，对客偏能鸲鹆舞。
饱用黄金无所求，长裾曳地干王侯。
一朝金尽长裾裂，吾道不行计亦拙。
岁晚高歌悲苦寒，空堂危坐百忧攒。
昔时轩盖金陵下，何处不传沈与谢。
绵绵芳籍至今闻，眷眷通宗有数君。
谁见予心独飘泊，依山寄水似浮云。

皎然直率、无拘无束的性情，让他在游历中结交了不少好哥们儿。大约公元769年后，皎然住进了妙喜寺，没过多久就成了妙喜寺的住持。看来选择适合自己的职业太重要了，升职都开启倍速模式。当然除了佛学、诗歌，皎然对于茶饮也有自己的独到理解。他曾经专门研究过茶叶的特性，还对以茶代酒、以茶明道有着非同一般的见识，"茶道"一词正是源于他的《饮茶歌诮崔石使君》：

> 越人遗我剡溪茗，采得金牙爨金鼎。
> 素瓷雪色缥沫香，何似诸仙琼蕊浆。
> 一饮涤昏寐，情来朗爽满天地。
> 再饮清我神，忽如飞雨洒轻尘。
> 三饮便得道，何须苦心破烦恼。
> 此物清高世莫知，世人饮酒多自欺。
> 愁看毕卓瓮间夜，笑向陶潜篱下时。
> 崔侯啜之意不已，狂歌一曲惊人耳。
> 孰知茶道全尔真，唯有丹丘得如此。

他不愧是全能型学霸，各个方面的学识通通拿捏。当时有一人也好此道，这人就是"茶圣"陆羽，两人年龄虽差了十几岁，但不知为何就一见如故，很快就成了铁哥们儿了，皎然一有时间就会去找陆羽聊天品茶。一日，陆羽搬了新家，皎然顺着乡野小路来到了他家门口，敲门却没有一声回响，看来这陆羽连一只狗都没有养。皎然就在此写下了这首《寻陆鸿渐不遇》：

> 移家虽带郭，野径入桑麻。
> 近种篱边菊，秋来未著花。
> 扣门无犬吠，欲去问西家。
> 报道山中去，归时每日斜。

诗中没有因友人不在家而产生失落之感，却尽显满满的悠闲之意。两人相处数十年，陆羽在湖州的日子都有皎然的陪伴，皎然于陆羽而言，亦师亦友亦父。皎然也十分珍惜与这位茶友的情谊，陆羽后来写出《茶经》也是多亏了皎然。这部著作中的很多理念都是源自皎然，尤其是茶道。

当然，皎然在修行时也不忘自我提升，精心研究诗法。在这个时期，皎然的诗词创作也进入了顶峰，而且还撰写了诗学理论专著《诗式》和《诗评》，开创了以禅喻诗的先河。这搁现在是不是可以拿个文学类大奖了？

渐渐地，皎然老了，他在写完《诗式》后再也提不起笔了。在皎然七十多岁时，唐德宗下令，让集贤殿书院征集皎然的诗文编成《昼上人集》，就是因为此举，皎然的诗文才得以较为全面地保留下来。这个曾因一首诗将大才女李冶乱棍扑杀的皇帝算是做了件好事。在好友颜真卿壮烈殉国，陆羽离开湖州，李冶被唐德宗乱棍打死之后，大约在贞元九年至十四年间，皎然悄然而去。

于頔在《释皎然〈杼山集〉序》中称赞他为"释门之慈航智炬"，众人也把他列为唐代诗僧之冠，胡震亨亦称

明·文伯仁《品茶图》

其诗"能备众体"。严羽在《沧浪诗话》中更是称赞"释皎然之诗，在唐诸僧之上"。范文澜在《中国通史》中说："他具备门第、诗篇、禅学三个条件。"可见大家对皎然的评价都很高啊。

　　皎然的一生虽仕途不顺，但相对很多诗人而言他又是幸运的。他生于望族，长于盛世，中年遁入空门，找到了人生之路的他，便开始过着自己选择的快活人生，饮茶、作诗、参禅、悟道、交友、游历……正如他的诗中所言，"身闲始觉隳名是，心了方知苦行非"。看淡了，心便不累了，看开了当然也就自在了。也许，这便是我们在他的诗中总能豁然开朗的根源吧。

皎然的简历

- **籍贯**
  浙江吴兴

- **生卒年**
  公元730—799年

- **荣誉称号**
  茶道始祖，诗僧，茶僧

- **职场经历**
  公元760年：考试没考上，时局也不好，遁入空门诚心向我佛了；
  公元769年：在佛门内卷，成功卷到妙喜寺住持；
  住持时期：一边上班，一边研究我的副业茶道，再写点小诗，一不小心开创了以禅喻诗的先河。

- **成就事件**
  以茶诗奠定茶道的基调，成为"茶道之祖"；
  和陆羽研究茶学，成为陆羽写《茶经》的重要助力。

- **自我评价**
  你们应酬时能以茶代酒得谢谢我！

- **主要作品**
  《寻陆鸿渐不遇》《送灵澈》《诗式》等。

刘长卿

与杜甫媲美的"五言长城"，却成了悲催的"背锅侠"

他是"超龄留级生"，陪跑十余年才上岸；他是唐朝诗人中最大的冤大头，经常"人在家中坐，锅从天上来"。

约公元722年，刘长卿出生于安徽宣城，至于出身于什么样的家庭，历史上并没有过多的记载。但不管家里有没有钱，这孩子从小的梦想就是当官，因此，他从小便开始努力读书。后来他入读嵩山，避世求学，二十岁的时候就开始参加科考，但是屡战屡败，屡败屡战，这一考就是十几年。

他跟主考官们估计也已经混熟了，还积攒了丰富的应试经验，想必后来考上的举子们都得喊他一声"前辈"吧。他曾写下《客舍喜郑三见寄》：

客舍逢君未换衣，闭门愁见桃花飞。
遥想故园今已尔，家人应念行人归。
寂寞垂杨映深曲，长安日暮灵台宿。
穷巷无人鸟雀闲，空庭新雨莓苔绿。

北中分与故交疏，何幸仍回长者车，
十年未称平生意，好得辛勤谩读书。

其中这句"十年未称平生意，好得辛勤谩读书"总结了他这十余年的不如意。都说失败是成功的老母亲，陪跑十几年的刘长卿终于在三十二岁的时候中进士了。从二十岁到三十二岁，整整十二年，刘长卿终于得偿所愿。打算在官场上大干一场的他好像生来就不是当官的命，"上岸公示期"都还没过，等着分配岗位的他就与历史的巨轮撞了个满怀——"安史之乱"爆发了，长安城内一片混乱，哪里还有人顾得上这些新科举人。这可给刘长卿整不会了：不带这么玩的吧，爷整个青春都耗在这儿了，居然给我来这么一出。但吐槽归吐槽，该逃命还是得逃命，于是，刚中进士的刘长卿躲到了江南。

直到公元756年，唐肃宗即位，刘长卿才被安排担任长洲县尉，就是在苏州辖区的一个贫困县当县长。可是新官上任的三把火都还没烧起来呢，命运又给了他当头一棒，因为为人太正直而得罪了人，他被手下人举报贪污钱粮，直接吃牢饭去了。原本想清清白白做官的刘长卿，难道就要死在这莫须有的罪名上吗？他在狱中写下《罪所留系，每夜闻长洲军笛声》，一方面是为自己鸣冤，另一方面也是为了抒发心中的不痛快，再不发泄一下他都快抑郁了：

白日浮云闭不开，黄沙谁问冶长猜。
只怜横笛关山月，知处愁人夜夜来。

幸运的是，没过几个月，唐肃宗收复二京，大赦天下，刘长卿终于可以走出牢笼，于公元758年代理了海盐县县长。当时盐官可是非常吃香的，虽然说是个代理的，但待遇也不会差到哪儿去。当刘长卿以为自己终于熬出头了时，诬蔑他的人却并不打算放过他，提出重新审理贪污案，但御史们又查不到实据，仅凭"宁可信其有，不可信其无"的办事原则，就将刘长卿贬到了潘州（今广东茂名）。

在唐朝，广东可被称为"蛮荒之地"，可想而知到了那儿，也就预示着刘长卿当官之梦就要被扼杀在这里了。满腹愁绪，只能通过写诗来纾解。他一边感叹自己生不逢时："独醒空取笑，直道不容身（《负谪后登干越亭作》）"；一边感叹自己无才无名，失落万分："谪宦投东道，逢君已北辕。孤蓬向何处，五柳不开门（《至饶州寻陶十七不在寄赠》）"；一边又渴望再被任用："汉文有道恩犹薄，湘水无情吊岂知。寂寂江山摇落处，怜君何事到天涯（《长沙过贾谊宅》）"。他也凭借着这一首首愤懑之作，名声渐起。即使有再多的不甘心、不情愿，但上面压力给到这儿了，老刘也只能硬着头皮上路了。

他刚到江西就遇到了从白帝城回来的李白，两个人一个遇赦，一个被贬，一喜一悲的对比，让刘长卿更加郁闷了，但两人的相遇也让刘长卿感受到了一丝宽慰，终于有人可以听听自己的悲惨人生了。这首《将赴南巴，至馀干别李十二》就是在那时所写的：

江上花催问礼人，鄱阳莺报越乡春。
谁怜此别悲欢异，万里青山送逐臣。

两人就此别过。到广东两年后，刘长卿遇赦北归，被朝廷安排去浙西上任，当然这也不是什么好差事。那时的江浙一带刚遭遇了动乱，就是因为唐肃宗不知道听哪个神棍说刘展会夺位，所以就派人前往江浙解决这个祸患，搞得这边一片混乱。

直到公元767年，刘长卿任满，被调回京，历时九年的冤案也没有等来一个交代。后来朝廷又任命刘长卿为鄂岳转运留后兼检校祠部员外郎，刚上任没多久，就因为"直道"而行得罪了顶头上司——吴仲孺。这个吴仲孺可是再造大唐的功臣郭子仪的二女婿，气量狭小，而刘长卿却在吴仲孺想要截留送往京师的钱粮时坚决阻拦。得罪了小人，后果很严重，吴仲孺一查老刘的底细，一看这家伙曾经犯过贪污公款的案子，连草稿都不打，转头就去皇帝那儿举报，说他贪污公款二十万缗。年近半百的刘长卿看着头上这顶从天而降的"大帽子"，心想：

这可是二十万，不是二十块，你也太看得起我刘长卿了吧！不过好在当时的监察御史苗伾还算公正严明，但他也不敢得罪吴仲孺，所以就对老刘从轻发落。公元774年，刘长卿被贬为睦州（今浙江淳安）司马，他还特地写了首《按覆后归睦州，赠苗侍御》给苗伾表达感谢：

地远心难达，天高谤易成。
羊肠留覆辙，虎口脱馀生。
直氏偷金枉，于家决狱明。
一言知己重，片议杀身轻。
日下人谁忆，天涯客独行。
年光销塞步，秋气入衰情。
建德知何在，长江问去程。
孤舟百口渡，万里一猿声。
落日开乡路，空山向郡城。
岂令冤气积，千古在长平。

清·罗牧《秋溪山舍图》（局部）

明·赵左《寒崖积雪图》（局部）

司马向来是个闲差，在此期间，他还写下了这首入选中国全日制教材的《逢雪宿芙蓉山主人》：

> 日暮苍山远，天寒白屋贫。
> 柴门闻犬吠，风雪夜归人。

刘长卿就这样悠闲地过了好几年，直到公元781年，唐德宗继位，启用了一批旧臣，刘长卿得以出任随州刺史，掌权一方。本以为这是时来运转，他可以在史书上留下一笔功绩，可天不遂人愿，没过几年，随州附近就发生了叛乱，被扣了一顶又一顶"帽子"后的刘长卿，也被迫看淡了官场名利，趁机离开了随州，过上了逍遥自在的旅居生活。路过淮南的时候，他恰好看到了淮南节度使招聘幕僚的广告，于是就地入职，在军中给上级出出主意、写写文书啥的。

最后，刘长卿于公元788年前后因病去世，终年六十余岁。

刘长卿这一生是颠沛流离的，他年少入仕，也曾理想高远，为了穿上青色的官袍，哪怕官职卑微，都不曾动摇过他的初衷，但摆在眼前的是残酷的职场现实，两段冤情，足足持续十六年，占据了他一半的仕宦生涯。但作为"大历诗风"的主要代表人物，他的诗句别有风格，自称为"五言长城"，这是自夸也是实情。宋张戒在《岁寒堂诗话》中评价他："与杜子美并时，其得意处，子美之匹亚也。'长城'之目，盖不徒然。"能与杜甫媲美，也不枉他半世漂泊之辛苦，暮色沉沉的时代辜负了刘长卿，他却从未辜负自己。他凝结着诗意，让后人看到了他谱写出的岁月山河。

刘长卿的简历

- **籍贯**
  安徽宣城（一说河北河间）

- **生卒年**
  约公元772—788年

- **荣誉称号**
  "五言长城"

- **职场经历**
  长洲县尉：给一个贫困县当县长，被人举报贪污，工作没了，人进去了；
  摄海盐令：给海盐县做代理县长，虽然是代理，但那可是涉及盐务呀，有钱！后来被那帮举报我的无耻小人又搞得丢了饭碗；
  鄂岳转运留后：职场上不会做人，得罪了老板，老板将一封贪污报告打到大老板那里，我被开除了；
  睦州司马：工作很闲，搞点诗歌小创作；
  随州刺史：公司附近有人闹事，他们把帽子扣到我头上，干不下去还是自己走吧。

- **成就事件**
  《逢雪宿芙蓉山主人》入选小学语文教材。

- **自我评价**
  一辈子没拿人家一针一线，"黑帽子"却是一顶又一顶，冤死我了！

- **主要作品**
  《逢雪宿芙蓉山主人》《送灵澈上人》《长沙过贾谊宅》等。

李冶

女中"诗豪",风流道姑,
为爱而生的唐朝首席女诗人

> 她是唐朝第一风情的"顶流",她堪称女版的"花花公子",但恋爱数次都惨遭抛弃;她是叛逆道姑,敢爱敢恨,渴望自由。

约公元730年,李冶出身于浙江湖州的一个高级知识分子家庭,老爸是经常出入上流社会的达官贵族,小时候她经常随父亲一起出席各种各样的诗会、酒会。别的小孩六岁的时候还大字不识几个,见过不少世面的小李冶已经可以作诗了。在小李冶六岁那年,父亲在家中宴请群客,小李冶看着家里来了这么多客人,好生热闹,心情一愉悦,看着院内蔷薇便来了灵感,赋诗一首——《咏蔷薇》:

经时未架却,心绪乱纵横。
已看云鬟散,更念木枯荣。

如此文采飞扬的诗出自一个六岁孩子之口,放到现在,《全国诗词大赛》的邀请函早就寄到家门口了。可唐朝虽说是一个对女性相对包容的时代,在封建古板的李父看来,"架却"是"嫁取"的谐音,未嫁取就"心绪乱纵横",是不祥之兆,所以他立马采取了应对措施,等到小李冶十一岁之时,父亲就将她送到了剡中的玉真观出家,让她好好反省。

李冶也没想到,就因这两句诗,自己的人生轨迹竟发生了这么大的转变,不禁吐槽自己这老爸格局也太小了,这么喜欢抠字眼,还搞"谐音"梗这一套。

其实李父的本意是让李冶在道观修身养性,但是一个正处于叛逆期的聪慧少女,离开了家长的管教,真的就能成长得如李父所愿吗?事实正好相反,在唐朝,可是允许女道士和男子自由交往的。李父连这都没有打听清楚,就贸然送女儿过去,可想而知,事情的发展已慢慢脱离了李父的预期轨道。

进入道观的小李冶并没有就此荒废才情,十六岁的李冶在翰墨和音律上有了很大程度的进步,外加出落得亭亭玉立,才女的名头很快在当地的名流圈传开,引得众人纷纷来一睹才女风姿。这日子对李冶而言可比在家里过得有意思多了。

在十六岁这个情窦初开的年纪,李冶在道观中遇到了人生中的第一个白马王子朱放。那时的朱放正是意气风发的少年郎,看到他的第一眼,李冶的心里就像打翻了一瓶草莓味的气泡水,酸酸甜甜的,难道这就是心动的感觉?

感兴

朝云暮雨镇相随,去雁来人有返期。
玉枕只知长下泪,银灯空照不眠时。
仰看明月翻含意,俯眂流波欲寄词。
却忆初闻凤楼曲,教人寂寞复相思。

通过这首诗便可看出她俨然一副少女怀春的模样,爱情已在心底悄悄萌芽。

他是才子名士,她是才女美道姑,两个灵魂的碰撞注定不一般。很长一段时里,两个人都腻在一起,赋诗抒怀。都说恋爱中的女人智商为负数,李冶没有想过,朱放身为世家弟子,怎么可能会娶一个道姑回家,就算他愿意,他家里也不可能同意。

清·孙璜《人物图册》

两个人的爱情一开始就是不平等的，最后自然只能以悲剧收场。不久之后，朱放被派到江西做官，这时的他便已经决定从这段爱情中抽身而去了。可被爱情冲昏头脑的李冶丝毫察觉不到什么异样，送别时还写下一首《明月夜留别》来表达满满的不舍之情：

离人无语月无声，明月有光人有情。
别后相思人似月，云间水上到层城。

朱放上任不久，李冶就写了一首"情诗"寄给朱放：

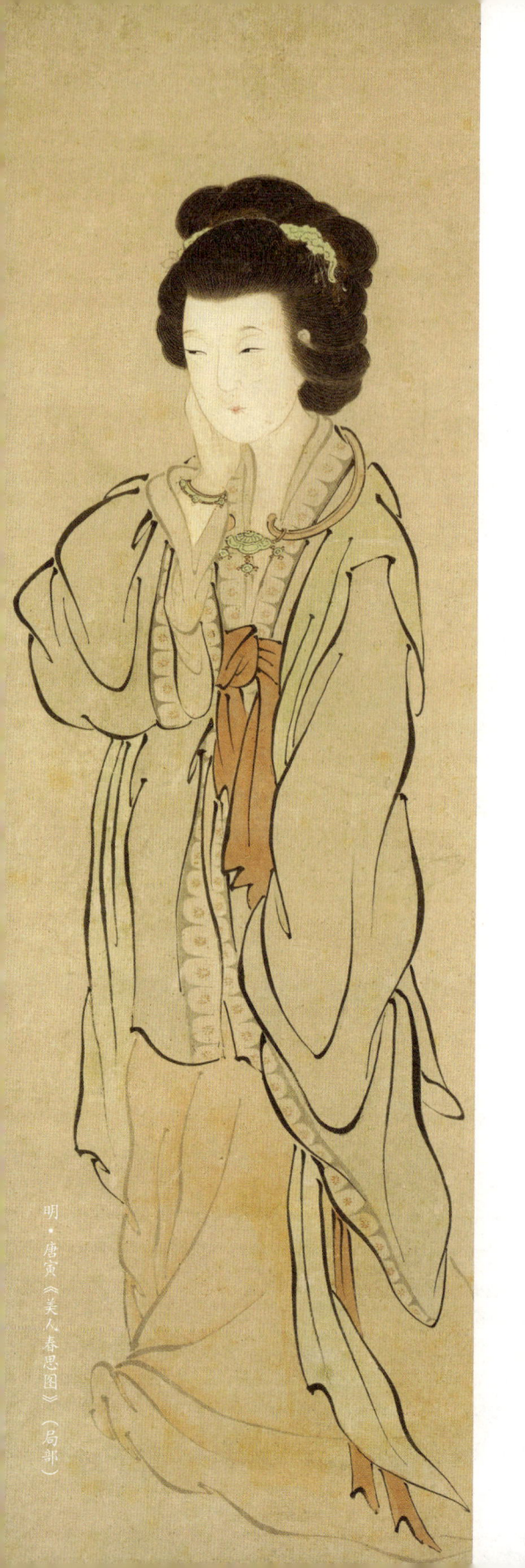

寄朱放（一作昉）

望水试登山，山高潮又阔。
相思无晓夕，相望经年月。
郁郁山木荣，绵绵野花发。
别后无限情，相逢一时说。

可相爱时的誓言，往往会成为最美的谎言。朱放离开后就杳无音讯，这段恋爱就像是在平行时空经历的，在这个时空全都不作数了。

失恋后，李冶走个过场般难过了一下，很快她遇到了人生中的第二个男人——阎伯钧。失恋的痛苦必须在下一场恋爱中得到弥补，这一次李冶又爱得轰轰烈烈，她相信已经经历过"渣男"的自己不可能在男人身上再摔一跤，但是命运弄人，大概两三年后，阎伯钧接到任命，要前往剡县任职。这剧情发展趋势怎么有点熟悉的味道？于是，在送别的时候，李冶写了一首《送阎二十六赴剡县》来告诫阎伯钧莫学人家"采野花"：

流水阊门外，孤舟日复西。
离情遍芳草，无处不萋萋。
妾梦经吴苑，君行到剡溪。
归来重相访，莫学阮郎迷。

明·唐寅《美人春思图》（局部）

可自古多是痴心女子负心汉，李冶又一次在感情路上摔倒了，并且两次摔的还是同一个地方。不久，李冶便得知了阎伯钧另娶他人的消息，再次被背叛的打击让她大病了一场。估计也是看这女子太过可怜，于是命运安排了第三个男子出场。李冶身染重病时，她的青梅竹马陆羽火急火燎赶过去照顾她，为此，李冶还写了首《湖上卧病喜陆鸿渐至》：

昔去繁霜月，今来苦雾时。
相逢仍卧病，欲语泪先垂。
强劝陶家酒，还吟谢客诗。
偶然成一醉，此外更何之？

从这首诗里能看出，陆羽的慰藉和陪伴，让她很感动，也由此感受到了久违的温暖。可感动毕竟不是爱，并不能长久地支撑一段感情。李冶面对如此悉心照顾她的男人，最终却还是喜欢上了别人——陆羽的好友，诗僧皎然。这不是妥妥的"渣女"行为吗？那么他们是怎么认识的呢？说来也巧，皎然好奇到底是什么样的道姑能让陆羽如此迷恋，陆羽想想确实应该带兄弟和自己喜欢的女生相互认识一下。可没想到他喜欢的人爱上了他的兄弟，陆羽千算万算也算不到这狗血剧情竟然能发生在自己身上，命运注定他没能拿到男主的剧本。

另一边，李冶明确了自己的心意之后，便发起了疯狂攻势。可皎然一个出家人，早已斩断情缘，面对李冶的爱意，皎然写了一首《答李季兰》拒绝了她：

天女来相试，将花欲染衣。
禅心竟不起，还捧旧花归。

或许是皎然的佛心感化了她，李冶也是拿得起放得下的人，既然无缘相恋，那就做一辈子好朋友吧。此后，李冶也遇到过爱情，虽然每次都爱得热烈，但每次都无疾而终。这一生就想好好谈个恋爱，怎么就这么难！感慨万千的她，写下了著名的千古一叹《八至》：

至近至远东西，至深至浅清溪。
至高至明日月，至亲至疏夫妻。

公元 783 年，年过半百的李冶被爱才的唐德宗召见入宫，唐德宗夸赞李冶："怎么会有这么漂亮的老太太？"之后李冶就被留在宫中，为皇帝写信，被大臣们崇拜。几个月之后，朱泚叛乱，强迫李冶为他写赞诗。公元 784 年，反叛平息后，李冶因此举被唐德宗下令乱棒扑杀，享年五十五岁。一代才女，就这样稀里糊涂地死于乱棍之下。

她曾被著名诗人刘长卿称为"女中诗豪"；《唐才子传》中也用这样的文字形容她："美姿容，神情萧散。专心翰墨，善弹琴，尤工格律。当时才子颇夸纤丽，殊少荒艳之态。"

纵观李冶的一生，其实比古代大多数的深闺女子要精彩得多。真风情，真性情，真才情，可以不在乎世俗的眼光，去果断追求自己想要的生活，这种勇气在现代也足以让人敬佩。后来也曾有人说，假设当年李冶和陆羽结婚了，她的结局会不会好很多。可是历史没有假如，人生亦不能倒退。

李冶 的简历

- **籍贯**
  浙江吴兴

- **生卒年**
  公元 730—784 年

- **荣誉称号**
  "唐代四大女诗人"之一

- **职场经历**
  编外文员：人到晚年，突然被老板唐德宗看中，但干得太好，被对家惦记上，惹得老板不高兴，还没来得及解释，小命、工作全没了。

- **成就事件**
  被刘长卿称为"女中诗豪"；一首《八至》成为解读情爱的至理名言。

- **自我评价**
  夫妻关系我看得最清楚！

- **主要作品**
  《八至》《寄校书七兄》《明月夜留别》等。

韦应物

富二代浪子回头——
"我有一瓢酒,可以慰风尘"

他是含着"金汤匙"出生的贵公子,是曾自嘲"一字都不识"的富二代,也是浪子回头后,一心为民的父母官。

公元 737 年,韦应物出生于京兆杜陵(今陕西西安)。韦氏是关中的世家大族。民间有"城南韦杜,去天尺五"的说法,可见韦家地位显赫。据《新唐书·宰相世系表》记载,韦氏家族在唐代曾出过十四个宰相。

韦应物作为含着"金汤匙"出生的贵公子,仕途的起点还是很高的。

左思的《咏史》里面曾说,"郁郁涧底松,离离山上苗。以彼径寸茎,荫此百尺条"。大意是讲,纤细柔弱的树苗,因为身处高山之上,它的阴影足以盖住处在山谷的郁郁青松。不学无术的少年韦应物,就是这么一株弱不禁风的小树苗,但祖上的功业将他捧在了高山之上。

"与君十五侍皇闱,晓拂炉烟上赤墀。"十五岁的韦应物,就以门荫补右千牛,成为唐玄宗李隆基的御前侍卫。

"蒙恩每浴华池水,扈猎不蹂渭北田。"作为侍卫陪同在唐玄宗左右的韦应物，甚至也分了统治者骄奢生活的一杯羹。

仰仗皇恩与家族势力，韦应物横行乡里，专横跋扈，行事毫无畏惧：在家里窝藏着杀人犯，白天和狐朋狗友们赌博取乐，晚上则潜入邻家和姑娘厮混。种种荒唐行为，却因为家族的荫庇，众人是敢怒不敢言。这段往事，在后来的诗作中被提及：

逢杨开府

少事武皇帝，无赖恃恩私。
身作里中横，家藏亡命儿。
朝持樗蒲局，暮窃东邻姬。
司隶不敢捕，立在白玉墀。
骊山风雪夜，长杨羽猎时。
一字都不识，饮酒肆顽痴。
武皇升仙去，憔悴被人欺。
读书事已晚，把笔学题诗。
两府始收迹，南宫谬见推。
非才果不容，出守抚茕嫠。
忽逢杨开府，论旧涕俱垂。
坐客何由识，惟有故人知。

照这样发展下去，可能"一字都不识"的韦应物一生也就如此荒唐地度过了。但一场时代的大风云，一双人的小际遇，让这个纨绔少年成长为我们后来耳熟能详的著名诗人。

如果手写命运的判官对你说："少年，你眼前只有一条下沉的路，你走不走？"

二十岁的你可能会说："给我爬，我的青春无限可能。"

按照我们之前对韦应物的了解，这个少年肯定不会礼貌地接受。但是二十岁的韦应物却说:"我爬。"

这一爬,让曾经鲜衣怒马的少年贴近了地面,耳闻目睹了声色犬马之外的真实生活。

公元755年,"安史之乱"爆发,安禄山举起马刀杀向长安。朝夕之间,盛唐不再。唐玄宗出逃,杨玉环玉殒,韦应物也因为这突发的事件,失去了御前侍卫的职位。在这战火纷飞的时候,再去说祖上的荫庇、圣上的恩宠,实在是讲笑话了。"我该怎么活?""接下来的路怎么走?"这个如今我们不断拿来问自己的问题,也曾横亘在韦应物的面前。

不成气候的小树苗,失去了高山的托举,一无所有。

幸而天可怜见,世家贵女元苹——妥妥的白富美,踏入了韦应物灰暗的生命中。不知道后来在韦应物的回忆里,灰暗的二十岁那年,元苹的出现,是不是犹如紫霞仙子的意中人那样——踏着七彩祥云而来。

公元756年,十七岁的元苹嫁给了二十岁的韦应物。或许是受到女性温柔的鼓舞,或许是受到残酷时代的催促,韦应物选择重返太学。在韦应物忙着成亲的时候,皇帝的位子上也换了人,唐肃宗即位。韦应物当年的侍卫职务肯定无法恢复了。这次,韦应物只能靠自己,"焚香扫地而坐""把笔学题诗"。

开挂的少年时代落幕后,韦应物踏踏实实,发奋读书。公元762年,唐肃宗病逝,传位于唐代宗李豫。而在第二年,二十七岁的韦应物终于得朝廷起用,任洛阳丞。从此,韦应物开启了不断入朝为官与辞官归隐的钟摆模式。

凭借自己努力上位的年轻人,内心的喜悦是更丰满的。但在与世周旋的过程中,读书郎的棱角并没有被磨平。

公元765年,韦应物惩罚了犯错的军士,却因此被举报。于是在768年,洛阳丞任职五年的期限一满,韦应物便辞官游历去了。归隐、入仕、又归隐,如此生活十来年,直到他的精神大厦崩塌。

公元777年,韦应物四十一岁时,与韦应物相守了二十年的元苹离世。《伤逝》《往富平伤怀》《出还》等大量悼亡之作都写作于这个时期。元苹的墓志铭也是韦应物亲自写的:

南宋·刘松年《秋窗读易图》（局部）

少陵原上兮霜断肌，晨起践之兮送长归。释空庄梦兮心所知，百年同穴兮当何悲。

睹物思人，他看到妻子的化妆盒会想到妻子，听到小孩子的啼哭也会想到妻子，妻子的形象在他脑海里挥之不去，如《伤逝》中的这句"梦想忽如睹，惊起复徘徊"。

或许是真情动人心，对于韦应物的悼亡诗，前人给予了很高的评价。

刘克庄说："悼亡之作，前有潘骑省，后有韦苏州……不可以复加矣。"

清人乔亿在《剑溪说诗又编》中也说，韦应物的悼亡之作最为动人，"古今悼亡之作，惟韦公应物十数篇，澹缓凄楚，真切动人，不必语语沉痛，而幽忧郁埋之气，直灌输其中，诚绝调也。潘安仁气自苍浑，是汉京余烈，而此题精蕴，实自韦发之。"

如此浑浑噩噩地过了四年，韦应物在滁州迎来了他的诗歌创作上的巅峰。

其间韦应物经历了第三次皇帝传位：公元779年，唐代宗驾崩，唐德宗继位。公元781年，韦应物出任滁州（今安徽省滁州市）刺史。滁州位于江淮之间，是一座山城。在这个山青水美的灵秀之地任职一年半之后，他被免职，而后闲居于此，最为后世熟知的《滁州西涧》就在此诞生：

独怜幽草涧边生，上有黄鹂深树鸣。
春潮带雨晚来急，野渡无人舟自横。

不惑之年的韦应物，以最明白的语言，写下了他心中的山水。"寄情山水"，说到底，不是山水有多美，而是情绪太多，诗人只能任由自己躲进山水里。但几度春夏与秋冬，在外的游子终究逃不掉乡愁。离家千里，在一个秋天的晚上，韦应物思乡的情绪藏不住了：

闻雁
故园眇何处？归思方悠哉。
淮南秋雨夜，高斋闻雁来。

他只是问，但是不答；他就安安静静地坐在秋天里。

人们常说"孤独寂寞冷"，感觉似乎是和温度挂钩的。天冷的时候大家都想身边热闹点，朋友团坐，支起火锅"开个黑[①]"，磕嗑瓜子吹吹牛。韦应物也想起了他的小伙伴。在一个寻常的冷天，韦应物在诗里提到请自家兄弟来喝酒，但山水的阻隔，让见面喝喝酒的寻常事，拖成了梦想。

---

① 游戏用语，是指玩游戏时，可以语音或者面对面交流，现在也衍生出"一起玩游戏"的意思。

萬木森秋澗，峯峯倚碧
玩溪聲聽不厭，清韻滿
山樓
乾隆丁未三月吾寶松
棲霞北堂張洽

清·张洽《秋涧清韵图》

寄全椒山中道士

今朝郡斋冷，忽念山中客。

涧底束荆薪，归来煮白石。

欲持一瓢酒，远慰风雨夕。

落叶满空山，何处寻行迹。

寄李儋、元锡

去年花里逢君别，今日花开已一年。

世事茫茫难自料，春愁黯黯独成眠。

身多疾病思田里，邑有流亡愧俸钱。

闻道欲来相问讯，西楼望月几回圆。

除了诗酒，韦应物也关注着民间的疾苦。他目睹了百姓的生活，对国家衰落、民生凋敝有了更深刻的认识。就像杜甫一样，韦应物站在为封建王朝效忠的位置上，他的内心是矛盾的：他要相信他的君主，但他又不能对眼前百姓的困苦生活视而不见。于是他只能责备自己："身多疾病思田里，邑有流亡愧俸钱。"

"我有一瓢酒，可以慰风尘。"如此蹉跎三十年，他自我安慰还有一壶酒。其实他过得并不潇洒，甚至有些狼狈。

公元788年，韦应物被再次外放，任苏州刺史。在苏州，韦应物与顾况、孟郊、丘丹、秦系等都有诗文往来。其中《秋夜寄丘二十二员外》是韦应物的五绝代表作：

怀君属秋夜，散步咏凉天。

空山松子落，幽人应未眠。

语淡而情浓，言短而意深。公元791年，韦应物罢任苏州刺史。但是由于一生清贫，罢任时的韦应物无钱回家，便在苏州城外的永定寺寄居。大约在次年，韦应物在苏州去世。后人总是以"韦苏州"来亲切地称呼韦应物。

韦应物，中国山水田园诗派的代表诗人，后人每以"王孟韦柳"并称。

苏轼曾在《书黄子思诗集后》中评价韦应物："独韦应物、柳宗元，发纤秾于简古，寄至味于淡泊，非余子所及也。"

白居易对韦应物的评价也很高："然当苏州在时，人亦未甚爱重，必待身后，然后人贵之。"

后世的我们，确实记住了韦应物，特别是他的后半生。同样，对于韦应物来说，鲜衣怒马少年时，也算不上是他最好的时光。

韦应物的简历

- **籍贯**
  陕西西安

- **生卒年**
  公元约 737—791 年

- **荣誉称号**
  与白居易、刘禹锡并称中唐"三杰",与王维、孟浩然、柳宗元并称"王韦孟柳"。

- **职场经历**
  右千牛升至三卫郎:大唐有限公司总裁的贴身保镖,后来大环境不行,工作没了;
  洛阳丞:惩罚手下小员工被人举报,索性辞职不干了;
  京兆府功曹转任多个职位:总部人多事杂、是非不断,活儿真不好干;
  鄠县县令调任栎阳县令:事多操劳,疾病缠身,于是辞职歇一歇;
  尚书比部员外郎:养好身体,回到总公司上班,准备大展拳脚;
  滁州刺史:没多久被免职,干脆在此地"躺平式旅居";
  江州刺史转任左司郎中:从地方分公司回到总部,升职加薪,创作灵感不断;
  苏州刺史:调到地方分公司,事少钱少,还是和朋友写点小诗,搞点创作吧。

- **成就事件**
  山水田园诗派诗人代表,以五言诗见长。

- **自我评价**
  前半生是个浪子,后半生回头金不换了。

- **主要作品**
  《滁州西涧》《逢杨开府》《寄李儋元锡》《简卢陟》等。

孟郊

庙堂太高，江湖太远，
寒门学子到底能有多难？

　　他是赫赫有名的大孝子，前半生躺平，后半生摸鱼，一辈子都穷得揭不开锅；他人生的高光时刻，映射出一种别样的心酸——寒门学子翻山越岭得以一览的"长安花"，只不过是士族子弟眼中的寻常。

　　公元751年，孟郊出生于湖州武康（今浙江省湖州市德清县），他爸孟庭玢当时是昆山县尉，一个小官，孟郊自小家里条件不好，比较清贫。孟郊六岁的时候，他爸去世了，家里只剩母亲和三个孩子。孟郊就一直在村里待着，照顾母亲的生活起居，并且一直没有结婚生子。他每天除了种地，便是作诗，穷是穷了点，但是也尽孝了。

　　到了三十岁，孟郊才终于出门游历。在三十岁到四十岁这段时间，他去过很多地方，写过很多诗，但就是不搞事业，摆烂了大半生。他在河南目睹过当时的藩镇之变，在信州上饶为陆羽新开的山舍题过诗，后来又在苏州与诗人韦应物唱酬……他整天除了写诗，也没别的事做。

　　公元791年，或许是迫于生计，又或是因为男儿家需要求取功名，找个稳定的

清·陈枚《耕织图册之灌溉》

工作，孟郊参加了考试，这个小考考过了，接下来他就要前往京城参加大考了。

公元791年深秋，孟郊来到长安，和他的好朋友游终南山。一番游玩下来，孟郊十分羡慕终南山的修道者可以心无杂念地隐居，而自己却要天天备考，为了这些虚无的荣誉和浮名没日没夜地埋头苦读。孟郊很是不爽，于是作诗《游终南山》：

南山塞天地，日月石上生。
高峰夜留景，深谷昼未明。
山中人自正，路险心亦平。
长风驱松柏，声拂万壑清。
即此悔读书，朝朝近浮名。

公元792年，孟郊在备考期间认识了韩愈、李观，他跟韩愈性格很像，都奇奇怪怪的，比较孤僻，不喜欢与人打交道，十分社恐。而且韩愈从小是孤儿，孟郊也自幼丧父。也许因为他们同样是微寒出身，人生经历非常相似，所以这两个相差十七岁的人成了非常好的朋友。孟郊也因为韩愈的表扬推崇，诗名大振，成为韩愈这一诗派的名士。但是孟郊在长安的生活过得十分困苦：

> 病客无主人，艰哉求卧难。
> 飞光赤道路，内火焦肺肝。
> 欲饮井泉竭，欲医囊用单。
> 稚颜能几日，壮志忽已残。
> 人子不言苦，归书但云安。
> 愁环在我肠，宛转终无端。

这首《路病》记录了孟郊生活困顿且疾病缠身的艰难情形，想要喝水发现井水干涸，想要去治病却囊中羞涩。

好不容易熬到了春试，孟郊却落榜了，他十分郁闷，明明自己读书那么刻苦，为啥考不上？没考上就算了，一个人在外地，省吃俭用给读书考试的钱也白花了。孟郊躺在床上想着这些糟心事儿，写下了《夜感自遣》：

> 夜学晓未休，苦吟神鬼愁。
> 如何不自闲，心与身为雠。
> 死辱片时痛，生辱长年羞。
> 清桂无直枝，碧江思旧游。

自杀只是一时的羞辱，活着却是漫长的耻辱，长痛不如短痛啊。其郁闷悲愤之情跃然纸上。

长安不仅米贵，房租更贵。像孟郊这样的贫寒士子，科举落榜后，在京城的生活就更加困难，生活成本太高，孟郊只好卷铺盖走人。孟郊回家跟母亲待了不到半年，公元793年又参加了第二次科考，结果还是没考上。这次落榜对孟郊的打击就更大了，他一下子写了好多首诗。

再下第

一夕九起嗟,梦短不到家。

两度长安陌,空将泪见花。

落第

晓月难为光,愁人难为肠。

谁言春物荣,独见叶上霜。

雕鹗失势病,鹪鹩假翼翔。

弃置复弃置,情如刀剑伤。

可见孟郊被这个考试伤透了心。

公元796年,孟郊已经四十六岁了,他对科举已经心灰意冷了,可是在他母

清·梁亯《观榜图》(局部)

亲的强烈要求下，还是参加了第三次考试，这一次孟郊连件像样的衣服都没有，他母亲就拿针线给他缝缝补补，让他穿去赶考。皇天不负有心人，这一次他终于考上了，此消息把孟郊开心坏了，写下这首《登科后》：

昔日龌龊不足夸，今朝放荡思无涯。
春风得意马蹄疾，一日看尽长安花。

屡败屡战后的胜利让孟郊心花怒放。孟郊内心重新燃起斗志，满怀期待地等着朝廷给自己一个可以大显身手的官职，可是现实终究不如人意。

公元801年，朝廷任命五十一岁的孟郊为溧阳尉，这是个小官，改变不了孟郊贫穷的处境。但是好在他不用再过漂泊流浪的生活了。于是孟郊回家接母亲来一起住，也就是这个时候，孟郊写出《游子吟》感谢他的母亲：

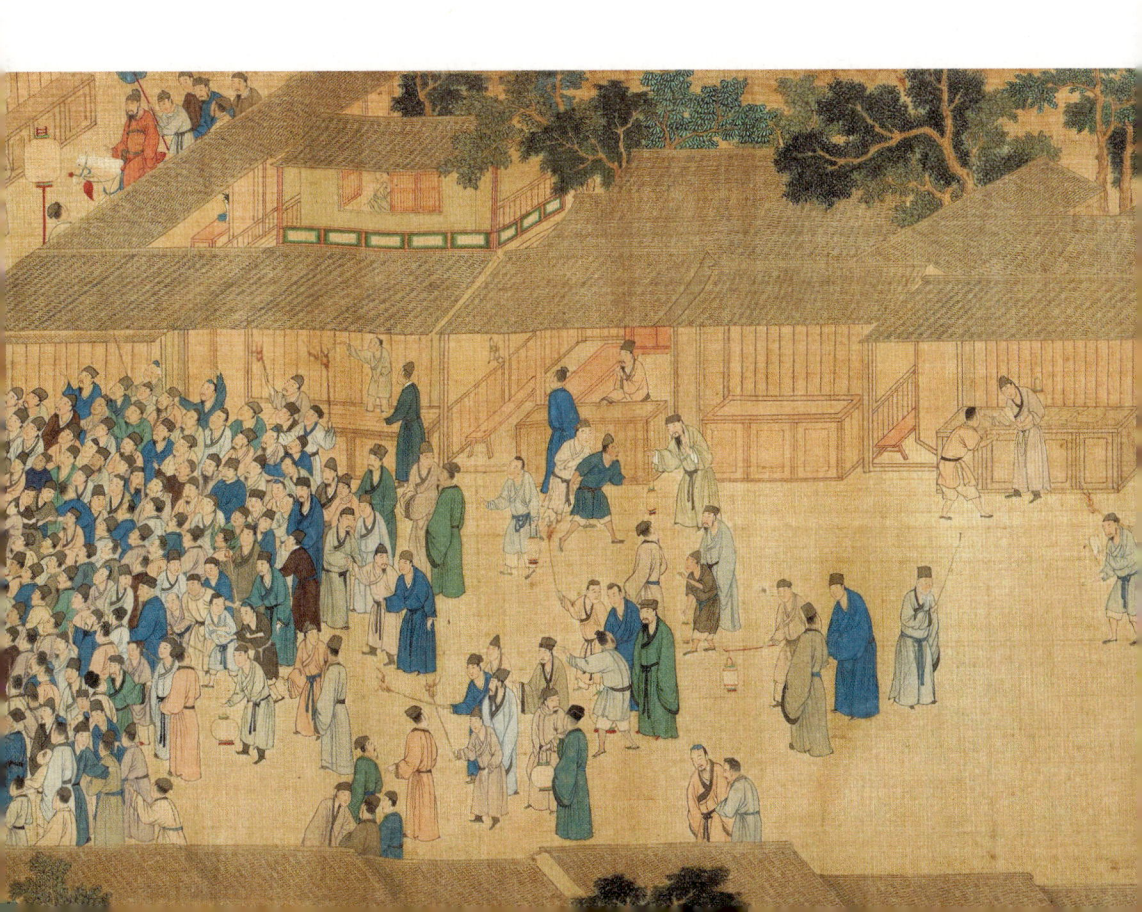

慈母手中线，游子身上衣。

临行密密缝，意恐迟迟归。

谁言寸草心，报得三春晖。

不过，这份工作并不是孟郊想要的，因此，他也不专心做官，而是经常骑着驴，到山间水边游玩。他还以作诗为乐，作不出诗则不出门，他也因此被人们称为"诗囚"。孟郊天天上班"摸鱼"，他的上级就不乐意了，请了别人分担孟郊的工作，自然也分走了他一半的工资，孟郊更穷了。

公元804年，孟郊辞职了。这活儿事多钱少，打工人也是有骨气的，所以孟郊干脆不干了。又过了两年，到了公元806年，他的老朋友郑余庆当了河南尹，请他来洛阳干协律郎。这个官职比较闲，钱多事少，孟郊很满意。安顿下来以后，他的这位老朋友为他牵线搭桥，给他介绍了一个女朋友郑氏，后来孟郊与其成婚，生活宽裕了不少。

公元809年，孟郊的儿子出生没多久便不幸夭折，孟郊痛心疾首。第二年，与他相依为命大半生的母亲裴氏也去世了。但无常的命运还不打算就此放过他，孟郊其余的孩子也接连早夭。命运多舛，孟郊幼年丧父，老年丧子，也只能凄然地吟着"病叟无子孙，独立犹束柴"的自白诗。

贫病交加和老年丧子的不幸，彻底摧垮了孟郊的精神与身体。公元814年，在郑余庆的引荐下，孟郊被任命为兴元军参谋，试大理评事。这是一个很高的官职，孟郊闻命匆忙从洛阳出发，走到河南阌乡县时，却猝然暴毙，终年六十四岁。

孟郊一生都没有摆脱穷困的命运，他在庙堂和江湖之间进退两难，漂泊在尘世之中，蹉跎半生却籍籍无名，宦海沉浮却郁郁不得志，他的人生是一出悲剧，也是大唐寒门学子的真实写照。

孟郊的简历

- **籍贯**
  浙江湖州

- **生卒年**
  公元 751—814 年

- **荣誉称号**
  "诗囚",与贾岛并称"郊寒岛瘦"

- **职场经历**
  溧阳县尉:不是理想的工作,所以天天"摸鱼";
  协律郎:钱多事少,总算过上几年安稳的生活;
  兴元军参谋:很满意这份工作,可惜病死在上任途中,人生顶点终是没有攀登上去。

- **成就事件**
  苦吟一生,成为苦吟诗人代表,与贾岛并称"郊寒岛瘦"。

- **自我评价**
  虽然四十六岁才中科举,但是我写出了多少读书人登科及第的得意时刻!

- **主要作品**
  《游子吟》《登科后》等。

张籍

追星达人，名师高徒，
他是中唐新乐府诗的顶流创作人

      他是杜甫的"铁杆粉丝"，"京漂"半生，却拒绝了天价"Offer"；他是唐朝贫苦"人设"的代表，但朋友圈都是大腕儿，而他自己也凭新乐府诗，让大腕儿们争相"打Call"。

    约公元766年，张籍出生于和州乌江（今安徽省马鞍山市和县乌江镇）的一个贫寒家庭。张籍从出生开始，就没拿到过什么命运的好牌，他唯一可以改变命运的方法就是读书，然后踏上仕途。但穷人家的孩子哪有什么读书资源，既然自个儿家靠不住，就去外面看看有没有什么机会吧，于是十一岁左右的小张籍就这样踏上了求学之路。

    在外寒窗苦读的十年里，他结识了后来与他齐名的王建同学。两人同窗十年之久，也因有着相似的出身和报国之心而建立了深厚的"革命友谊"。

    十年过后，二十出头的张籍觉得自己学得也差不多了，于是决定去大城市谋个官做做，可是那时的他还没有什么名气，所以这次只能失望而归。

    深受打击的他心想："此处不留爷，自有留爷处。"于是张籍就这样开始了他的漂泊生活，一个人去了很多地方，只为找一份适合自己的工作。在蓟州的时候他写下："问路更愁远，逢人空说归。"在襄县的时候他写下："别处去家远，愁中驱马迟。"愁愁愁，除了愁还是愁，书是读到了，可找个工作就这么难吗？还不如回老家待着呢！伴着瑟瑟秋风，张籍对家乡和亲人的思念之情愈发强烈，便写下了这首《秋思》：

洛阳城里见秋风，欲作家书意万重。
复恐匆匆说不尽，行人临发又开封。

几年下来，四处碰壁、一事无成的张籍也对自己陷入了深深的怀疑。好在公元796年，张籍人生中的第一个贵人——孟郊非常及时地出现了。没错，就是那位写"谁言寸草心，报得三春晖"的孟郊。他看完张籍的诗后，觉得这是个难得的人才，于是把张籍引荐给了文坛领袖韩愈，果然大诗人都是非常有眼光的。

明·吴彬《岁华纪胜图册·玩月》

当时的韩愈刚进士及第，正处于人生的高光时刻，他鼓励张籍不要放弃学习，并邀请他一起前往自己的地盘儿准备参加科举考试。

估计是受到韩愈的影响，张籍最崇拜的诗人就是杜甫。唐朝的冯贽在《云仙散录》中记载了一个有趣的故事：张籍因为非常迷恋杜甫的诗歌，就想了一个办法，把杜甫的名诗一首一首地抄在纸上，然后再一张一张地烧掉，接着把烧完的纸灰拌上蜂蜜，每天早晨吃上三匙。这种事情搁到现在可是要上热搜的。当时，有了韩大诗人的辅导，张籍的学习成绩确实有了质的提升，于公元799年一举考中进士。

当张籍以为自己迎来了"时来运转"之机，正高兴得睡不着觉时，殊不知等待他的仍然是噩耗。他及第归乡后不久，母亲病丧，张籍在家守孝三年。贵人多忘事的皇帝这时候也早已忘了张籍这个小人物了，迟迟不给他分配工作。就这样，张籍没有收入地又过了三年，才被调补太常寺太祝，当了一个九品小官，每天写点诗，烧点香，领着一份微薄的薪水，一干就是十年。其间张籍还患上了眼疾，人送外号"穷瞎张太祝"，真是雪上加霜，这对于一个四十多岁的中年人来说，简直太凄惨了。他曾在《赠任道人》中这样描写自己的悲惨生活：

明·唐寅《西山草堂图》（局部）

> 长安多病无生计，药铺医人乱索钱。
> 欲得定知身上事，凭君为算小行年。

张籍工作十年，还是穷得吃不上饭，买不起药。就算这样，朝廷对张籍仍是不闻不问，不予升迁。哪怕韩愈多次举荐，仍是没有结果。张籍曾在《病中寄白学士拾遗》中表达对白居易的羡慕：

> 秋亭病客眠，庭树满枝蝉。
> 凉风绕砌起，斜影入床前。
> 梨晚渐红坠，菊寒无黄鲜。
> 倦游寂寞日，感叹蹉跎年。
> 尘欢久消委，华念独迎延。
> 自寓城阙下，识君弟事焉。
> 君为天子识，我方沉病缠。
> 无因会同语，悄悄中怀煎。

作为张籍好友的白居易也只能在《重到城七绝·张十八》里感慨："独有咏诗张太祝，十年不改旧官衔。"

这十年的蹉跎，使张籍的诗文直达化境，也消耗掉了张籍所有的仕途之念。

不知为何命运突然开始眷顾他，在韩愈的推荐下，官运光顾了五十来岁的张籍，从国子监广文馆博士，到水部员外郎，再到国子监司业，三年三迁，张籍的日子终于一天天地好起来，升职之后他的眼睛也莫名地痊愈了。也许，这一切都多亏了他那些超给力的朋友们。

前半生辛苦漂泊，找不到一份好工作，转运之后工作升职那是一轮又一轮。当时在朝廷上只手遮天的李师道也给张籍发来了一份"Offer"，为了请张籍过去帮他做文案，李师道给他开出了一笔比张籍在国子监的工作高上几倍的薪资，这待遇搁现在的话，就好比百万年薪加包吃包住。这谁能不动摇？可是已经和朝廷签了"劳动合同"的张籍，非常有职业操守，义正词严地写了首《节妇吟·寄东平李司空师道》，拒绝了李师道：

君知妾有夫，赠妾双明珠。
感君缠绵意，系在红罗襦。
妾家高楼连苑起，良人执戟明光里。
知君用心如日月，事夫誓拟同生死。
还君明珠双泪垂，恨不相逢未嫁时。

他将自己比作"节妇"，誓不抛弃原来的"老公"。张籍的行为在那时看来像是放弃了一个很好的机会，但就在他拒绝李师道三年之后，李师道本人就因为掀起叛乱而被斩杀。这么看来，是张籍的"职业操守"救了他一命。

在这之后，张籍总算是过了几年舒心的日子。直到公元824年，曾对他有知遇之恩的韩愈病逝，对他造成了极大的打击。张籍一病不起，最终于公元830年左右去世，终年六十余岁。

张籍的这一生，若是用一个字概括，大概就是"穷"。少时穷着游走四方，中年穷着走过官场浮沉，老年也是穷着归隐山水之间。虽然他在仕途上没有什么太大的作为，但他在中唐诗坛上的确是创造了不小的成就。他的乐府诗更是受到了不少大诗人的好评，白居易在《读张籍古乐府》中，称许他"尤工乐府诗，举代少其伦"。姚合在《赠张籍太祝》中，评价他"古风无手敌，新语是人知"。北宋时期的大文豪王安石也给予了他极高的评价，认为他的诗看似寻常，却又别具一格。

张籍的简历

- **籍贯**
  安徽马鞍山

- **生卒年**
  公元 766—830 年

- **荣誉称号**
  与王建并称为"张王乐府"

- **职场经历**
  太常寺太祝：每天写诗、烧香，干了十年，眼睛都快瞎了；
  国子监助教：升职加薪，一切好像变顺了，眼睛都跟着痊愈了；
  水部员外郎：搞水利工程，二把手。《早春呈水部张十八员外》知道不，对，就是韩愈写给我的。

- **成就事件**
  倡导"新乐府运动"，创作的乐府诗不拘一格，被不少人推荐。

- **自我评价**
  虽然又穷又"脆皮"，但我很有骨气！

- **主要作品**
  《秋思》《节妇吟·寄东平李司空师道》《野老歌》等。

韩愈

是文坛领袖，也是"敢死队队长"，他是真的孤勇者

他是唐朝思想前卫的知名教授，开启了影响后世深远的古文运动，名列"唐宋八大家"之首；他敢咒皇上短命，敢孤身前往千军万马的营中跟武夫讲道理，还讲通了，是货真价实的"敢死队队长"。

公元 768 年，韩愈出生于河阳，也就是现在的河南孟县。韩愈的父辈祖辈都是读书人，做过不小的官，可惜韩愈从小父母双亡，他被大哥韩会收养。公元 777 年，大哥也死了，十岁的韩愈从此开始和长嫂一起漂泊。

韩愈的长嫂郑氏真正担得起"长嫂如母"这句古话，不管生活多么艰难，长嫂都不允许韩愈放弃学业。公元 787 年，二十岁的韩愈就急不可耐地赴京赶考，试图通过学而优则仕来摆脱贫困。但是韩愈的出身没拼过别人，一连考了三次都落榜了。

然而实践证明，成功虽然捉摸不定，但只要你不放弃，它总会眷顾你一次。公元 792 年，韩愈第四次参加进士考试终于登第。他忍饥受寒来到长安，不只是希望自己出人头地，更希望给抚养自己的长嫂一个交代。

明·姚绶《寒林读书图》

可是命运没有给他报恩的机会。

公元 793 年，长嫂逝世，韩愈把自己所有的心酸写进了《祭郑夫人文》里：

> 禄仕而还，以为家荣。奔走乞假，东西北南。孰云此来，乃睹灵车。有智弗及，长负殷勤。呜呼哀哉。

此后近十年里，韩愈一边做着幕僚，一边继续考吏部的博学鸿词科考试，又是一连考了三次没过。公元 800 年，他终于通过第四次考试，终于迈进了仕途的大门。

韩愈的第一份工作是一个官阶七品的四门博士，主要是做老师。这段时间他写下了著名的《师说》：

> 弟子不必不如师，师不必贤于弟子，闻道有先后，术业有专攻。

这样的思想在当时非常前卫新潮，这让韩愈一举获得了知名教授般的地位，身边多了很多"铁粉"，为他后来倡导的古文运动打下了基础。

"唐宋八大家"包含八个写散文的高手，八个高手如何排序一向有争议，但是韩愈这个"江湖第一"的位置永远坐得牢牢的，主要是因为韩愈是最先倡导复兴古文的。当时唐朝流行的是四六对仗的骈文，骈文词句华丽、对仗工整，王勃的《滕王阁序》就是一篇骈文代表作。骈文虽也有不少佳作，但是事实上以四字六字为限，会导致形式僵化、内容空洞，严重禁锢了大家的创作力。所以韩愈提议：大家不要拽文，有话直说，遵循古文写法，心之所至，笔之所留。韩愈还给这次古文运动搞了个响亮的口号：文以载道。

苏轼后来为韩愈的功德盖棺定论，说他是"文起八代之衰，而道济天下之溺"，评价非常中肯。当然这是后话了。

当时，另一个远在永州的文坛大佬柳宗元也疯狂给他"打 call"，为了力挺韩愈，柳宗元写了《答韦中立论师道书》，指名道姓地夸赞韩愈。

韩愈曾和柳宗元、刘禹锡同时被封为监察御史，官阶不大，但都有弹劾官员的权力。可惜好景不长，公元803年，韩愈因为如实上奏长安地区的旱灾实情反遭奸人诬陷，被贬为三千里之外的广东连州山阳县令。而刘禹锡和柳宗元却得到王叔文集团的提拔，到达人生的巅峰。

同年，韩愈从小一起玩到大的侄子韩老成去世，韩愈知道后悲痛地写下《祭十二郎文》，字字泣血，以至于南宋学者赵与旹忍不住感慨：读诸葛孔明《出师表》而不堕泪者，其人必不忠；读李令伯《陈情表》而不堕泪者，其人必不孝；读韩退之《祭十二郎文》而不堕泪者，其人必不友。

被贬到连州的韩愈伤心落泪，在长安的刘禹锡和柳宗元却摩拳擦掌，大搞"永贞革新"。没想到宦海沉浮，祸福相依。一年后，那些参与"永贞革新"的官员死的死，贬的贬。韩愈因为早早被贬，幸运地与这场劫难擦肩而过。

不过对于唐朝的官员来说，贬谪并不代表仕途终结，只要别像刘禹锡和柳宗元那样，彻底让皇帝讨厌，连大赦都把他们排除在外，未来都是有希望的。韩愈能躲过这场劫难完全是因为幸运，毕竟他也是个贼敢说的主儿，撑天撑地撑皇帝，完全没在怕的。

公元819年，陕西宝鸡法门寺的佛塔开塔，这座佛塔三十年开一次，唐宪宗亲自派遣宫人请回佛骨，供养三天。上行下效，皇帝的举动引起全国狂热的礼佛风潮。韩愈很不屑，写出了一篇《论佛骨表》：

焚顶烧指，百十为群，解衣散钱，自朝至暮，转相仿效，惟恐后时，老少奔波，弃其业次。

韩愈陈列了从皇宫到民间，人们因为崇信佛教做出的种种极端举动，但这并不是最让唐宪宗生气的，最让唐宪宗生气的是韩愈例举历代皇帝：

汉明帝时，始有佛法，明帝在位，才十八年耳。其后乱亡相继，运祚不长。宋齐梁陈元魏已下，事佛渐谨，年代尤促。

意思是说信佛没用，不仅没用还容易短命，不仅短命，死相还很难看。

唐宪宗并没有醒悟，反而勃然大怒，本来想直接处死韩愈，但是当时的宰相裴度和崔群死命求情，说韩愈是内怀至忠，应该被原谅，所以唐宪宗愤然决定把他贬到海边小城潮州当刺史。被贬的韩愈拖儿带女、扶老携幼，翻山越岭，一天要走三百里以上。走到蓝田关口，他写下了著名的《左迁至蓝关示侄孙湘》：

一封朝奏九重天，夕贬潮州路八千。
欲为圣明除弊事，肯将衰朽惜残年！
云横秦岭家何在？雪拥蓝关马不前。
知汝远来应有意，好收吾骨瘴江边。

冷知识点，这里的"侄孙湘"就是八仙之一的韩湘子。

由于被贬谪的时候是严冬，所以韩愈的女儿在这次路途中不幸染病去世。

潮州位于广东和福建的交界之处，当韩愈到了潮州，先哭诉着向皇上写了一份《潮州刺史谢上表》，交上去以后转眼抹干泪，积极地投入当地的建设。他做的最大贡献就是兴办学堂，因为他早已名声在外，不管他去哪里，都有很多学生追随，所以他被贬的蛮夷之地最后都成了文化名城。潮州人民非常喜欢他，后人一直都在赞叹他：不虚南谪八千里，赢得江山都姓韩。

八个月后，也不知道皇帝是气消了，还是被韩愈的上表打动了。公元820年，他被调去了袁州，袁州在现在的江西宜春，虽然这里依然远离京城，但是和瘴气严重的潮州比起来简直是天堂了。韩愈在这里的首要计划还是发展当地教育。在他的改革下，袁州变得"家家生计只琴书，一郡清风似鲁儒"。除了兴办教育，韩愈还革除了收良为奴的陋习，不允许好好的良民子弟因为欠债而被迫为奴，也严禁打杀奴婢。

唐宪宗果然应了韩愈的短命诅咒，死在了宦官之手。新皇帝和韩愈没啥芥蒂，在收到他多次哭诉的信之后，把他调回了长安。这次回来，他完成了人生又一个壮举，那就是勇夺三军帅。

明·唐寅《函关雪霁图》

唐穆宗时期，成德节度使田弘正的手下王庭凑杀了田弘正，自己担任代理节度使。朝廷想着大事化小，小事化了，便同意了，没想到王庭凑蹬鼻子上脸，还攻打抢占了其他城池。朝廷打又打不过，但又不能放任他每天"啪啪"地打朝廷的脸，于是就派韩愈去商谈一下，希望王庭凑适可而止。其他人都觉得这是个铁定会办砸的差事，没想到韩愈却超预期完成了任务。公元822年，韩愈不仅熄灭了王庭凑的反叛之心，还从王庭凑手里捞回来一个刺史，甚至还要回了王庭凑新抢的那个城池。

韩愈不愧是知名教授，不愧是大教育家，不论你是怎样调皮捣蛋的学生，他总能因材施教，摆事实讲道理，拿一套说法说服你。

晚年的韩愈官越做越大，但是他那颗赤子之心从来没变过，通过两件事可以看出来。第一件事是他为孟郊写了一篇《醉留东野》。孟郊是韩愈的至交，出身贫寒，学识很高，可惜运气不好，虽是进士出身，但最后只做了一个小小的县尉。这让他内心愤懑，每天吐槽世道是"恶诗皆得官，好诗空抱山"。他不满自己是顶天立地的高才，却一直不能得到重用。孟郊的诗基本是愤懑忧伤、孤芳自赏的，他的格局太小，所以当权者不太喜欢他。

但是韩愈喜欢啊，他在《醉留东野》中写出了对孟郊的崇拜：

> 昔年因读李白杜甫诗，长恨二人不相从。
> 吾与东野生并世，如何复蹑二子踪。
> 东野不得官，白首夸龙钟。
> 韩子稍奸黠，自惭青蒿倚长松。
> 低头拜东野，原得终始如驱蛩。
> 东野不回头，有如寸筳撞巨钟。
> 吾愿身为云，东野变为龙。
> 四方上下逐东野，虽有离别无由逢。

韩愈直呼：我只是性格奸诈狡黠才能有这样的成就，但是论才华我是远远不如你，我甚至希望你能成为龙，我能化身为云常伴你左右。韩愈的赤子之心真是越演越烈，他会痛斥礼佛的皇上短命，也会热烈地想要和官职卑微的孟郊相濡以沫。

另一件足以说明他的赤子之心的事，是他为张籍写了一首《早春呈水部张十八员外》。张籍也是韩愈的好朋友，后来韩愈声望日盛、地位提升了，还帮助过张籍。公元823年的早春，韩愈邀请张籍春游，按道理说张籍该来，可是他不知何故称忙没去。所以韩愈就写了一首诗，让没空去的张籍和自己共赏春景：

早春呈水部张十八员外（其一）
天街小雨润如酥，草色遥看近却无。
最是一年春好处，绝胜烟柳满皇都。

早春呈水部张十八员外（其二）
莫道官忙身老大，即无年少逐春心。
凭君先到江头看，柳色如今深未深。

写这两首诗的时候，韩愈已经五十五岁了，不知道的人都以为这是韩愈早期的作品，因为这首诗中完全看不出他曾经历坎坷，看不出他曾险遭杀身之祸，心态毫不阴暗，满纸尽是轻松。

公元824年，五十七岁的韩愈病重去世。

韩愈去世后，朝廷追封他为礼部尚书，谥号为文。

回观韩愈一生起起落落，有情绪却不悲观，有苦难却不沉沦，有话直说却也能屈能伸，自始至终保持着一颗赤子之心。他的一生可谓进行了一场圆满的修行。我想，他是毫无遗憾的。

清·董诰《万春集庆册图》（局部）

韩愈 的简历

● **籍贯**
河南孟州

● **生卒年**
公元768—824年

● **荣誉称号**
"唐宋八大家"之首,"文章巨公","百代文宗",与柳宗元并称"韩柳","千古文章四大家"之一

● **职场经历**
国子监四门博士:成为大学老师,写下了爆款文章《师说》;
监察御史:上书揭发京兆尹隐瞒灾情,却被诬陷,遭贬外放;
国子博士:终于回到大唐有限公司总部;
行军司马升职为刑部侍郎:随裴度征战淮西大胜而获得升职,可惜写工作汇报时,过度美化上司裴度,被举报;
详定使副史:因为对老板迎佛骨的行为发表了不恰当言论而被降职;
潮州刺史:少说话,多干活,让潮州小城成为打卡城市;
兵部侍郎:用一张嘴说服一方叛乱者臣服朝廷,这就是实力;
吏部尚书:被后人尊称为"韩吏部"。

● **成就事件**
发起"古文运动";
说服王庭凑停止反叛,凭一张嘴化解一场干戈。

● **自我评价**
考试不通过怕啥?重要的是屡败屡战的精神!人生不如意怕啥?重要的是保持一颗赤子之心!

● **主要作品**
《早春呈水部张十八员外》《左迁至蓝关示侄孙湘》等。

薛涛

乘风破浪职场翻盘，不做"恋爱脑"的人间清醒

> 她是唐朝文艺圈的"顶级花旦"，她是只搞事业不信爱情的"人间清醒"，她是生活的斗士，靠才华进阶成"白富美"。

公元768年，薛涛出生于长安。她的父亲薛郧在京城当官，他很喜欢这个唯一的女儿，用现代话说，是个十足的女儿奴，不仅从不吝于教她读书写诗，而且生活上也对薛涛娇生惯养。所以，薛涛的出身和教养其实是很好的。

塑造一个人，总是环境占一半，自身的天赋占一半。薛涛本身也很有才情。在她八岁时，有一天，她和父亲薛郧在庭院里的梧桐树下乘凉，父亲看着高耸入云的梧桐树，想着考她一考，于是随口吟道："庭除一古桐，耸干入云中。"小薛涛略一思考，马上接上："枝迎南北鸟，叶送往来风。"薛郧的起句非常普通，是小薛涛续上的两句让这首诗流传了下来。

可惜，这样和美的日子不长，由于薛郧为人正直，仗义执言，得罪了当朝权贵，无奈被贬去四川。那时候的四川是一个"蜀道难，难于上青天"的地方，也是一个"巴山楚水凄凉地，二十三年弃置身"的地方。薛郧在蜀地辛辛苦苦

清·佚名《百美图手卷》（局部）

地打工，勉强养活着一家人。本来被贬到这么蛮荒的地方，日子已经够苦了，谁知没过几年，他又因为出使南诏沾染了瘴疠而命丧黄泉。

这下母女俩的生活可以说是孤苦无依了，这时候的薛涛年仅十四岁，近及笄之年，摆在她眼前的只有两条路，一是嫁人，二是打工。薛涛思来想去，觉得现在嫁人也只能做普通人家的妾，与其唯唯诺诺地做个被呼来喝去、没有地位而且没有很多钱花的小妾，不如出去打工。

在风气开放的大唐，女性是可以进入职场的，只不过大部分女性选择从事餐饮服务业和手工纺织业。李白的一句"胡姬貌如花，当垆笑春风"说的就是一名卖酒的胡人女子。

可是落魄的薛小姐并没有开店的本金。她拥有的只是"容姿既丽"和"通音律，善辩慧，工诗赋"的自身条件，她凭借这些特长加入了乐籍，这一年她十六岁。这些乐伎专门服务于达官贵人和各类富有名气的风流才子，属于国家编制，算是拥有铁饭碗，平日里主要表演唱歌跳舞和诗词歌赋。

这些乐伎很像逐梦演艺圈的人，混得好的成了明星，混得不好的成为十九流无人问津的"小糊咖"。薛涛先天条件很好，大家闺秀出身，见识广且接受过良好的教育，后天还非常努力。虽是以色事人，但是她也有自愿的原则，真真正正地把它当作一份工在打。她苦练琴棋书画、写诗作赋，培养自己超凡脱俗的气质，工作时不带情绪，只是认认真真地哄好宾客。

先天优势加后天努力，她很快混成了唐朝娱乐圈的顶级花旦。白居易、刘禹锡、杜牧等大诗人都是她的座上客。她随随便便写一首诗，都能引发街头巷尾热火朝天的讨论，因为她拥有一大批狂热粉丝。

这种日子看上去似乎还不错，但是薛涛原本的命运轨迹应该是嫁给门当户对的大户人家，与知书达理的公子哥成婚。命运将薛涛美好的一切给毁了，但是薛涛不抱怨、不沉沦、不服输，她认认真真地将一手烂透了的牌尽可能地打到了最好。从这一点来看，她堪称是"生活的斗士"。

薛小姐觉得混成"顶流花旦"还不够，花旦只是她的跳板而已，并且这种"一双玉臂千人枕，半点朱唇万人尝"的生活她也过腻了，还得寻个强有力的靠山才行。所以，在每一次群英荟萃的宴会前，她都做足了功课。

终于，她等来了机会。公元785年，蜀地上任了一位剑南西川节度使，是一名武将，名叫韦皋。韦皋的职位相当于四川省的一把手。他四十岁了，常年的征兵打仗让他的精神状态非常紧绷，所以去青楼听歌听曲放松心情是常事。

刚上任蜀地，他点名让乐坊头牌薛涛作诗一首，薛涛暗地里早就下足了功夫，提笔就写好了一首：

谒巫山庙

乱猿啼处访高唐，路入烟霞草木香。

山色未能忘宋玉，水声犹是哭襄王。

朝朝夜夜阳台下，为雨为云楚国亡。

惆怅庙前多少柳，春来空斗画眉长。

巫山神女很惆怅，因为楚国灭亡了，楚王再也不会来到巫山了，所以巫山神女不知道该画眉给谁看了。

实际上薛涛在说，如果韦皋大人您没有抵御住敌人的侵略，即使我薛涛再有诗才，又该写诗唱给谁听呢？一首诗既点出了韦皋责任之重大，又表现了自己女性的温柔。薛涛此时肯定心想："小样儿，这还迷不死你？"果不其然，韦皋被打动了，他把薛涛接进府里做了秘书。这一年薛涛十七岁。

薛涛平时的工作除了侍奉宴会，作诗助兴，还要负责案牍工作，写一些公文。薛涛写起公文来不仅颇富文采，而且细致认真，很少出错。韦皋都感觉有点大材小用了，于是他突发奇想给朝廷打报告，请唐德宗授薛涛以秘书省校书郎的官衔。校书郎的工作内容是撰写公文和典校藏书，虽然官阶只有九品，但是按规定，只有进士出身的人才有资格担任这项工作，白居易、王昌龄、杜牧等人都是从这个官职做起的。历史上还没有过女子担任校书郎的先例，所以迫于旧规，没能实现，但是薛涛"女校书"的名头是流传下来了。

大家一口一个"女校书"地叫着，所有人想给韦皋送礼都得走薛涛的后门，这搁谁谁不飘？薛涛也不能免俗，飘飘然恃宠而骄了。她"性亦狂逸"，对方敢送她就敢收，不过谨慎的薛涛还是把收到的所有东西全部上交给了韦皋。但她还不如不上交，金主韦皋恼火自己豢养的金丝雀插手的事情太多，于是把她送去了松洲，以示惩罚。

或许之前她还有那么几个瞬间，想过韦皋对她即便没有爱情，那也至少有极致的宠爱。可薛涛到了苦寒的松洲才幡然醒悟，男人的脸就像六月的天，说变就变。从前的情爱与时光，终究是错付了，自己的的确确只不过是宠物而已，召之即来挥之即去的那种，还得是听话的那种。

薛涛很快冷静下来，写下《十离诗》，比如这首：

犬离主
驯扰朱门四五年，毛香足净主人怜。
无端咬著亲情客，不得红丝毯上眠。

她把自己比喻成韦皋的一条狗。除了这首，还有一系列的作品，比如《鹦鹉离笼》《燕离巢》等，无一不是给韦皋戴上高高的帽子，把自己贬到低低的尘埃里。

失去了自尊，可那又怎么样呢，又有什么比活下来更重要呢？她的尊严与骄傲早就在她父亲去世的那年，和父亲的尸骨一起埋进了黄土。她这样出身的女性，是不配拥有尊严与骄傲的，努努力是侍奉韦皋这样的大人物，不努力就会被发配到松洲的军营里。如此比较起来，她还不如努努力回蜀中过富贵日子呢。

薛涛"情真意切"的十首诗还是打动了韦皋，韦皋将识趣的薛涛迎回了府里。此时的薛涛又悟到了一个新的境界，她攒足了钱，不想再取悦男人了，她想金盆洗手，从此为自己而活。她已不再年轻，深谙"以色事人者，色衰而爱驰"的道理。薛涛回到韦府，利用和韦大人间的最后一点情分，换来了财富和自由身。她脱离了乐籍，离开了韦皋，独自住在了浣花溪畔。

在浣花溪畔，她发明了浣花笺，传说浣花笺的诞生与元稹脱不开干系。

公元809年，元稹以监察御史的身份，奉命出使地方。元稹这样一个赫赫有名的花花公子，必然要去见一见那个曾经"五陵年少争缠头，一曲红绡不知数"的薛小姐的。这一年元稹三十一岁，薛涛四十二岁。

元稹是个古今闻名的"老渣男"了，打小就频频在风月场所乱晃。一介穷小子一路走来，凭借着花言巧语蒙骗了不少名媛小姐。论取悦女性这事，还得属他得心应手。步入中年的薛涛退出了服务业，突然遇到一位体贴入微的"鲜肉"才子，内心是相当快乐的。去爱吧，就像从未受过伤一样。她满怀真情地写下了《池上双鸟》：

明·吕纪《桃柳双凫图》

双栖绿池上，朝暮共飞还。
更忆将雏日，同心莲叶间。

可惜快乐的时光不过三个月，元稹调离川地，任职洛阳。两人开始鱼雁传书。

才子与才女的书信不像我们一样废话连篇，他们相信浓缩的才是精华，只用一小篇一小篇的诗文应和。薛涛别出心裁地造出了早期文创产品，她用浣花溪水造深红浣花笺，将一封封小小的带着淡淡花香的情书送了出去。

牡丹

去春零落暮春时，泪湿红笺怨别离。
常恐便同巫峡散，因何重有武陵期。
传情每向馨香得，不语还应彼此知。
只欲栏边安枕席，夜深闲共说相思。

这首诗，不但诉说了自己的思念，还给自己的文创产品打了个广告："红笺"和"馨香"说出了浣花笺视觉上和嗅觉上的特点，"共说相思"说出了浣花笺的作用。好一篇软文，再加上薛涛的明星效应，浣花笺想不热销都难。薛小姐恋爱时也不忘发展自己的事业，说她是"人间清醒"一点也不为过。

薛小姐的情诗写得也相当好。

春望

花开不同赏，花落不同悲。
欲问相思处，花开花落时。

花开的时候，不能和你一同欣赏，花落的时候，不能与你一起伤感。如果问我什么时候会思念你，那必然是从花开到花落，无时无刻不在思念你。这么好的句子没有被世世传颂，不免为她鸣不平。

薛涛的情诗和挂念依然无法留住元稹这个浪子的心，虽然薛涛知道这是必然的，但是她还是忍不住叹惋：

柳絮

二月杨花轻复微，春风摇荡惹人衣。
他家本是无情物，一任南飞又北飞。

这首《柳絮》与她八岁那年的诗遥相呼应。她叹了一口气，从此褪去红裙，换上灰色的道袍，带着自己所有的存款移居至碧鸡坊。在那里她筑起一座吟诗楼，从此她欣赏着自己的云卷云舒与花开花落，在人生的最后时光，她选择独自美丽。

公元832年，薛涛去世，年六十五岁。次年，曾任宰相的段文昌亲手为她题写墓志铭，上书"西川女校书薛涛洪度之墓"。

都说女人最大的底气是独立，而独立的女人也更容易走进男人的心里。薛涛的才情与美丽，是她绽放的光芒，而独立又清醒的底色则是她与众不同的根源，让她在那个女性不被重视的年代，得到众多文人名士的青眼与赞许，也被后世不断地追思和谈论。她用命运写就最动人的诗，向这个世界回应了一个最好的答案：人生在世，找到自己，活好自己，才是对自己真正的善待。

薛涛
的简历

● **籍贯**
陕西西安

● **生卒年**
公元768—832年

● **荣誉称号**
"蜀中四大才女"之一，
"唐代四大女诗"人之一

● **职场经历**
乐籍歌妓：凭借才气小有诗名，迅速收获一众粉丝，有机会和多位著名诗人诗歌酬唱，名人效应就是立竿见影；

秘书省校书郎（非正式官职）：虽然没有转正，但实际干的就是校书郎的工作，写写材料，整理书籍，听说很多大咖都是从这个职位做起的。

● **成就事件**
因为才学和办事能力出众，韦皋奏请唐德宗授以秘书省校书郎官衔，虽未获封，但"女校书"的名号就此打响了；

发明一种便于写诗、长宽适度的笺，被称作"薛涛笺"，又名"浣花笺""红笺"。

● **自我评价**
史上第一位"女校书"，不才，就是本人。

● **主要作品**
《池上双鸟》《犬离主》《谒巫山庙》等。

白居易

跟着偶像杜甫做"刺儿头",
其实他才是第一个"诗仙"

他是杜甫的"铁杆迷弟",是唐代公认的"诗仙",还是一生都在怀念初恋的痴情诗人,更是皇帝眼中爱找碴儿的"刺儿头"。

公元772年的正月,白居易出生在河南新郑的一个小官僚家庭,因为出生后没多久藩镇割据,家乡发生战乱,他们全家搬去了安徽宿州符离。

实不相瞒,白居易打小也算是个天才:"及五六岁,便学为诗。九岁谙识声韵。"年幼的他还没搞懂押韵,就能靠感觉写诗了。

"十五六,始知有进士,苦节读书。"到了十五六岁,白居易才发现还有"科举"这回事,终于开始发奋读书。十八岁的他为了开阔眼界,去当时唐朝的首都长安游历,此时发生了他第一个被广为流传的故事:妥妥的毫无名气的白居易,去拜访当时的名流顾况,递上了自己的作品集。作品集上大大的署名"白居易"三个字,给顾况看乐了。

他开玩笑说:"长安米贵,居大不易啊!"意思就是首都物价房"嘎嘎高",你想混下去可不容易啊!

打开他的诗集一看："野火烧不尽，春风吹又生。"

顾况马上收回刚才的话：你有这种才华，想住哪里就住哪里（"道得个语，居即易矣"）。顾况的话说对了一半，白居易虽然凭借着自己的才华，渐渐在京城有了名气，但这些并没有改变他的生活条件，他依然只能租住在京城的贫民窟，穷困潦倒，有时甚至生病了都没钱医治。

于是白居易不得不厚着脸皮到宣州投靠他叔父。到了宣州之后，白居易先是参加了贡试，后又经宣州刺史崔衍引荐，二十八岁时再次前往京城长安参加进士考试。

公元800年，他以第四名的成绩高中进士。进士相当于我们现在的博士生学历，二十九岁就能博士毕业，还入编成为国家的青年干部，这可把白居易给骄傲死了。

正常来说白居易的致谢感言里，怎么着都得写上感谢学校、感谢恩师吧，但他通篇只夸了自己的努力和年轻有为："十七人中最少年。"

公元806年，白居易和好友元稹一起游玩，晃荡到了马嵬坡附近，在这里白居易想起了自己的初恋，他借着悼念杨贵妃来悼念自己的爱情，写出了流芳百世的《长恨歌》。一千多年前，这首《长恨歌》一问世就成了大热作品，轰动朝野上下。

"汉皇重色思倾国，御宇多年求不得。"当时在位的唐宪宗，忽略了这首爱情诗里隐含的对时政的不满，把才华横溢的白居易提拔成了左拾遗。刚巧白居易的偶像杜甫也干过左拾遗的活儿，也就是指出皇上的失误决策的活儿，这可把白居易整兴奋了，高低得给你指出一大堆问题来。

他相继写了一系列这样的诗歌，小到描写民间社会风俗，比如《买花》，又名《首都某些达官贵人生活奢靡一掷千金》：

帝城春欲暮，喧喧车马度。
共道牡丹时，相随买花去。
贵贱无常价，酬直看花数。

明·吴彬（传）《明皇幸蜀图》（局部）

> 灼灼百朵红，戋戋五束素。
> 上张幄幕庇，旁织巴篱护。
> 水洒复泥封，移来色如故。
> 家家习为俗，人人迷不悟。
> 有一田舍翁，偶来买花处。
> 低头独长叹，此叹无人喻。
> 一丛深色花，十户中人赋。

大到抨击各种时事的敏感题材，比如《不致仕》，又名《浅谈大唐一些中高层干部不及时退休的问题》：

> 七十而致仕，礼法有明文。
> 何乃贪荣者，斯言如不闻。
> 可怜八九十，齿堕双眸昏。
> 朝露贪名利，夕阳忧子孙。
> 挂冠顾翠緌，悬车惜朱轮。
> 金章腰不胜，伛偻入君门。
> 谁不爱富贵，谁不恋君恩。
> 年高须告老，名遂合退身。
> 少时共嗤诮，晚岁多因循。
> 贤哉汉二疏，彼独是何人。
> 寂寞东门路，无人继去尘。

他不仅仅提到干部队伍管理有问题，甚至将矛头直指统治者，写下了《重赋》：

厚地植桑麻，所要济生民。
生民理布帛，所求活一身。
身外充征赋，上以奉君亲。
国家定两税，本意在爱人。
厥初防其淫，明敕内外臣。
税外加一物，皆以枉法论。
奈何岁月久，贪吏得因循。
浚我以求宠，敛索无冬春。
织绢未成匹，缲丝未盈斤。
里胥迫我纳，不许暂逡巡。
岁暮天地闭，阴风生破村。
夜深烟火尽，霰雪白纷纷。
幼者形不蔽，老者体无温。
悲喘与寒气，并入鼻中辛。
昨日输残税，因窥官库门。
缯帛如山积，丝絮如云屯。
号为羡馀物，随月献至尊。
夺我身上暖，买尔眼前恩。
进入琼林库，岁久化为尘。

其中"夺我身上暖，买尔眼前恩"，就是在吐槽皇帝跟偷米的大老鼠一样，用重税压榨百姓，收上来的东西却在仓库里发烂。

更不得了的是，他写下了《轻肥》，用衢州惨案证明大唐王朝其实是人间炼狱：

意气骄满路，鞍马光照尘。
借问何为者，人称是内臣。

> 朱绂皆大夫，紫绶或将军。
> 夸赴军中宴，走马去如云。
> 尊罍溢九酝，水陆罗八珍。
> 果擘洞庭橘，脍切天池鳞。
> 食饱心自若，酒酣气益振。
> 是岁江南旱，衢州人食人。

从皇帝政德，到财税政策、文化政策、干部政策乃至首都社会风尚，他从各方面都挑刺挑了个遍。可以说白居易幸不辱使命，把杜甫"路有冻死骨"等惊世骇俗之语完完整整地传承了下来。

白居易还不是自己一个人写，他影响并煽动了元稹、李绅等一批诗人加入写讽喻诗挑刺的文艺小团队里。这搞得当官的、有钱的、带兵的等一大批人都特别痛恨他，唐宪宗李纯气到发昏，连连吐槽说："我提拔他给他发薪水，他还天天搁这儿骂领导。"

等到各路大臣和唐宪宗都咽不下这口气的时候，大家一致赞同给他升个官，让他去做太子赞善。表面上升了官，实际上却是成了太子陪读，一个闲官。

看来大家都想让他别再每天逼逼叨叨了，可他实在不知趣。公元815年，白居易忘记了自己已经不是言官，不能随意劝谏，力挺当时被刺杀的主战派武元衡。可那时候唐宪宗压根儿没做好削藩的准备，真的很不想承认自己打不过。白居易撕开了唐宪宗的遮羞布，惹得唐宪宗很不开心。旁边的官员则立马会意，罗列了白居易的多项罪名，使得白居易被贬为了江州司马。

白居易明明工作勤勤恳恳、踏踏实实，一心一意为朝廷着想，最后却落了这么个结果。

江州在现在的江西九江。在这里，白居易遇到了弹琵琶的女子。一名过气的京城女明星，一位被贬边地的江州司马，你为我奏曲，我为你写诗，真真是"同是天涯沦落人，相逢何必曾相识"，浸透了多少失意人的心酸。

此后六年，白居易被不断地贬谪、贬谪再贬谪，直到唐宪宗暴亡，他的儿子

明·仇英《人物故事图册之浔阳琵琶图》

唐穆宗即位，才重新被召回朝廷。

统治者更新迭代，朝廷中的用人也要经历大洗牌。大部分官员忙着为自己争夺权力，白居易却要求将自己外放，去地方撸袖子、干实事。

他在杭州做刺史的时候，先后修钱塘湖堤，蓄水灌溉千顷田地，疏通六口古井，解决了杭州居民的饮水问题。总之，他做了一系列水利工程上的利民实事。

在苏杭的这段时间是白居易最闲适的时光，做好自己一亩三分地的本职工作后，其他时间就是游山玩水、蓄养歌伎。"樱桃樊素口，杨柳小蛮腰"，樊素和小蛮，大概率就是他这时候收纳的江南美人。

公元 827 年，白居易调回长安任秘书监，官至三品。此后几年，他一直身居一些俸禄高、工作闲的养老岗位，这些岗位没有太大实权，实现不了抱负，但又有足够的养老金，白居易忍不住自嘲"穷则独善其身"。

公元 831 年，是白居易最痛苦的一年，那一年他最喜欢的小儿子死了，他的好朋友元稹也患病去世了，白居易哭着感慨："君埋泉下泥销骨，我寄人间雪满头。"

公元 846 年，七十五岁的白居易卒于洛阳家中，他的死要比他生前风光。当时的皇帝唐宣宗亲手为他写悼诗：

吊白居易

缀玉联珠六十年，谁教冥路作诗仙。

浮云不系名居易，造化无为字乐天。

童子解吟长恨曲，胡儿能唱琵琶篇。

文章已满行人耳，一度思卿一怆然。

唐宣宗也是心大，不在乎街上的百姓以白居易的诗为蓝本，讨论皇室的八卦。

这些讽刺大唐统治的诗已经满行人耳了，还没有被禁绝，白居易本人也无灾无难活到了七十五岁，甚至作者还被当朝皇帝表扬和悼念。或许大唐的大，就大在了包容的气度和坦荡的胸怀之上。

最后插句题外话，白居易才是第一个被大唐王朝官方认证过的"诗仙"。

同时他也是第一个自称是"诗仙"的诗人，"知我者以为诗仙，不知我者以为诗魔"。可惜"诗魔"白居易心心念念的"诗仙"称号，被后人颁发给了李白。

白居易的简历

- **籍贯**
  河南新郑

- **生卒年**
  公元 772—846 年

- **荣誉称号**
  "诗魔"、"诗王"、"唐代三大诗人"之一，与元稹并称为"元白"，与刘禹锡并称"刘白"

- **职场经历**
  从秘书省校书郎升任为左拾遗：向偶像杜甫靠近，做一个言官，努力给老板提意见，没想到因话多被开除了；

  从太子左赞善大夫降职外放为江州司马：因为仗义执言，被认定为越职，虽然江州地方偏远，但是我遇见了"缪斯"，写下点赞量破亿的经典之作《琵琶行》；

  从杭州刺史到苏州刺史：在杭州扩建西湖、疏通古井、修建白堤，在苏州开凿山塘河，造就了网红景点"七里山塘"，与好哥们元稹往来书信、诗歌赠答，作品和友谊均成为诗坛佳话；

  太子少傅：虽然没有实权，但是事少钱多啊。

- **成就事件**
  与好哥们儿元稹共同倡导"新乐府运动"，诗词赠答长达三十年，往来诗篇千余首，造就唱和诗巅峰佳话。

- **自我评价**
  其实我才是官方认证的第一个"诗仙"！

- **主要作品**
  《赋得古原草送别》《长恨歌》《琵琶行》《卖炭翁》等。

刘禹锡

"反躺平代言人"，一生逆行的"诗豪"，
乐观的人永远强大

他是打不死的"小强"，他是唐朝诗人中"反躺平的第一人"，他还是连州人民心中永远的神。

公元772年，刘禹锡出生于当时的嘉禾，就是现在的浙江嘉兴。其实关于他的出生地一直有争论，还有观点说他出生于河南。刘禹锡说自己是汉代中山靖王刘胜的后代，真假很难考证。因为汉武帝刘彻的这位异母兄弟喜好酒色，光《汉书》中记载的他的儿子就有一百二十多人。自称他的后代很难穿帮，不仅刘禹锡自称是刘胜的后代，刘备也这么说过，大概姓刘的都可以往刘胜身上扯一扯。

不管是不是王族后代，刘禹锡的聪明是如假包换的。公元793年，二十二岁的刘禹锡进士及第。"三十老明经，五十少进士。"在唐朝时期，三十岁还在考明经的就是老考生了，但是五十岁能考上进士都算是年轻人。唐朝一年收取的进士不到二十人，最多的一年都不到三十人。大诗人孟郊四十六岁才进士及第，可以想象刘禹锡是多么年少有为了。

他的光辉履历还不止于此，接着他考了博学鸿词科，二十四岁考取吏部取士科，实打实地连登三科，仕途顺利，年纪轻轻就成了监察御史。可是刘禹锡也时运不济，他活在"安史之乱"后期，民间虽无战乱，朝廷也不安稳。皇权越来越弱，地方军阀割据，朝堂大臣抱团，皇帝不得已开始任用宦官，结果导致宦官专政。唐顺宗即位后，一些东宫旧臣开始改革，想帮他从宦官手里夺回政权。可惜这些改革派只有笔杆子厉害，手里没有一兵一卒，最后的结果只能是失败。

公元805年正月，在皇帝位置还没坐够两百天的唐顺宗退位，"永贞革新"失败。改革派的两个首要人物被处死，刘禹锡和柳宗元等八人被贬到偏远地区做司马，从此他开始了长达二十三年的被贬生涯。当年九月，他本来要被贬去连州，还没走到连州呢，他就以被贬连州不足偿责的理由，再被贬为朗州司马。一般官员被贬到这种地方，早就开始哭诉了，哭诉自己这么才高八斗的人居然来了这种鸟不拉屎的地方。但是刘禹锡毫不在意，被贬的他依然心情美好。

朗州在现在的湖南常德——陶渊明写《桃花源记》的地方。刘禹锡兴致勃勃地先去逛了一遍桃花源，写出一篇《游桃源一百韵》来记录这次行程。当时的朗州还非常蛮荒，少数民族还有跳月、对歌的风俗，年轻人谈恋爱也非常自由大胆。一般受过儒家教育的人会深以为耻，可刘禹锡偏不，他不仅喜欢这些民间风俗，还采集民歌编写成浪漫的诗。其中最著名的就是他的《竹枝词》：

杨柳青青江水平，闻郎岸上踏歌声，
东边日出西边雨，道是无情还有情。

在被贬朗州的这近十年里，唐朝也经历了新皇登基，按道理应该大赦天下，可继位的唐宪宗非常讨厌"永贞革新"的这一批人，下令刘禹锡等八人"纵逢恩赦，不在量移之限"。虽然这样的旨意多少有点令人失望吧，但刘禹锡还是不在意：

秋词（其一）

自古逢秋悲寂寥，我言秋日胜春朝。
晴空一鹤排云上，便引诗情到碧霄。

明·项圣谟《芦雁图》

不管怎样的遭遇都不会让他难过，他的心大是真的心大。别人被贬，看山看水总要寓情于景，暗寓自己身世坎坷，然而刘禹锡已经进入了第三重"看山是山，看水是水"的境界。在朗州的他，经常跑去洞庭湖泛舟游览。

望洞庭
湖光秋月两相和，潭面无风镜未磨。
遥望洞庭山水翠，白银盘里一青螺。

多单纯的一首风景诗啊，只表达了作者对洞庭湖的喜爱之情。

不管生活怎么虐他，他总是很快乐。他的快乐和苏轼不一样，苏轼是低调的豁达，是"自喜渐不为人知"的出世。刘禹锡的快乐是高调的快乐，就算处于困境，他也永远坚持高调地出场。

公元815年，刘禹锡和柳宗元等一干人终于能奉诏回京了。没想到二月刚到京城，三月他又被流放了。刘禹锡回来时还是很开心的，一开心他就忍不住嘚瑟：

元和十一年自朗州召至京，戏赠看花诸君子
紫陌红尘拂面来，无人不道看花回。
玄都观里桃千树，尽是刘郎去后栽。

刘禹锡一边高喊着"我胡汉三又回来了"，一边阴阳其他新贵，暗道都是自己不在，这些新贵才有冒头的机会。

然后就没有然后了。因为这首诗语涉讥讽，令执政者不悦，所以刘禹锡被贬去了播州。但有当时的宰相求情，他才被改派到稍微近一点的连州，也就是现在的广东清远。看来他跟连州确实有缘。

来到连州，他根本没空伤春悲秋，反而积极火热地投入当地的基础建设中

去。在这里，他修正了海阳湖，增置了吏隐亭、梦丝瀑布等亭台水榭十景。

公元817年，连州出现罕见的呕泄之病，刘禹锡此时展现出了自己的医学天分，他在柳宗元的帮助下，捣鼓出了一个救治的方子，在当地疫病的救治过程当中起到了重要作用。也正是这次显著的临床效果，促使刘禹锡再接再厉，写了医书《传信方》，这部医书后来还被收录进了日本的《医心方》和朝鲜的《东医宝鉴》之中。"刘禹锡实为宰相之才"，这么全能的刘禹锡果然应了他朋友王书文对他的评价。

在刘禹锡的倡导和治理下，当时那么偏远的连州竟然能"科第甲通省"。不管刘禹锡被贬到哪里，他都是一位有才华而且能做出政绩的好官。曾在长安任职过一小段时间的刘禹锡，曾经力主削藩，朝廷迟迟没动静，还将他下放。直到力主削藩的武元衡被藩镇派来的刺客暗杀，朝廷才终于动怒，派出裴度成功平定了淮西叛乱。

这可把刘禹锡激动坏了，刘禹锡觉得自己的政治主张那么正确，这回总该被朝廷传召回去了吧，可他还没等到传召的消息，就收到了母亲去世的噩耗。而他的好朋友柳宗元，在吊唁了他母亲之后没过多久也去世了。

重至衡阳伤柳仪曹

忆昨与故人，湘江岸头别。

我马映林嘶，君帆转山灭。

马嘶循古道，帆灭如流电。

千里江蓠春，故人今不见。

为母亲丁忧了三年，公元819年，刘禹锡重新述职，这次他被派往了夔州，也就是现在的重庆奉节。在这里他和从前在朗州一样，喜欢做一名采风的作家，继续改写民歌。

竹枝词

山桃红花满上头，蜀江春水拍山流。

花红易衰似郎意，水流无限似侬愁。

除此之外，他还解决了当地教材不足的问题，让更多学子有了念书的机会。尽管刘禹锡还在坚持写有关地方治理的文章给丞相，比如《夔州论利害表》，但是因为当朝皇帝唐穆宗的昏庸无能，他的意见始终石沉大海。

公元824年的夏天，刘禹锡调任和州（今安徽和县），担任刺史。按照规定，刺史的待遇条件是不错的，但是当地知县见他被贬，故意刁难，只给了他一床一桌一椅。面对陋室，还是那句话，刘禹锡不在意，他还提笔写下了著名的《陋室铭》：

山不在高，有仙则名。水不在深，有龙则灵。斯是陋室，惟吾德馨。苔痕上阶绿，草色入帘青。谈笑有鸿儒，往来无白丁。可以调素琴，阅金经。无丝竹之乱耳，无案牍之劳形。南阳诸葛庐，西蜀子云亭。孔子云：何陋之有？

真不愧是"诗豪"！

公元826年，刘禹锡熬死了唐穆宗，从安徽和州调回了洛阳。二十三年，终于从遥远的"巴山楚水"回到了大城市洛阳，走时意气风发，归来鬓发如霜。白居易为他鸣不平，说他"举眼风光长寂寞，满朝官职独蹉跎。亦知合被才名折，二十三年折太多"。刘禹锡却大大咧咧地没把自己的境遇当回事：

酬乐天扬州初逢席上见赠

巴山楚水凄凉地，二十三年弃置身。

怀旧空吟闻笛赋，到乡翻似烂柯人。

沉舟侧畔千帆过，病树前头万木春。

今日听君歌一曲，暂凭杯酒长精神。

清·袁瑛《山水册》（之一）

    刘禹锡说：问题不大，虽然我老了，但是江山代有才人出，我身边还是会有数不尽的人才。

    不仅如此，刘禹锡再次高调地宣布自己回来了。

再游玄都观

百亩庭中半是苔，桃花净尽菜花开。

种桃道士归何处，前度刘郎今又来。

    "我又回来了。"为了防止围观群众看不懂这首诗的言外之意，刘禹锡还特意在诗前写了一篇小序，阐明了创作《桃花诗》的前因后果。刘禹锡的精神总是让人想到灰太狼，因为灰太狼永远会回来的。在写下第一首《桃花诗》后，离开的这十四年里，刘禹锡足足熬走了四位皇帝。宰相裴度想推荐他做知制诰，负责起草皇帝诰命，但是因为这首嚣张的诗，他的机会又没了。

公元 836 年，刘禹锡改任太子宾客、秘书监，分司东都的闲职。在他生命中的最后几年，他最喜欢和白居易等好朋友唱和。白居易波折一生，对自己富足的晚年感到非常满意，已经躺平了，但是刘禹锡依然觉得自己老当益壮："莫道桑榆晚，为霞尚满天。"

公元 842 年，七十一岁的刘禹锡逝世。

明明被贬的他有足够的理由躺平，但是"诗豪"刘禹锡一生都在撸起袖子加油干。他知道自己的才华远高于被分配的工作，可是他从不抱怨，也不自怨自艾，永远都认认真真完成工作。这是对当地百姓的负责，也是对自己的负责。他是一个真正的生活斗士。他的精神可以成为我们现代年轻人的标杆。

在那个对人才极为不公平的时代，刘禹锡一直没被重用，但他并不会有遗憾，因为他认真地完成了自我。他的人生或许没有圆满的句号，却拥有一个充满热情的感叹号！

刘禹锡的简历

● **籍贯**
　浙江嘉兴

● **生卒年**
　公元722—842年

● **荣誉称号**
　"诗豪",与白居易并称"刘白",与柳宗元并称"刘柳",与韦应物、白居易合称"三杰"

● **职场经历**
　京兆府渭南县主簿调任监察御史:第一份工作,因被领导赏识而升职;
　屯田员外郎、判度支盐铁案:参与"永贞革新",损害了宦官、藩镇等利益,被降职;
　朗州司马:工作很轻松,游山玩水,写民歌;
　连州刺史:投入基层建设,解决医疗难题,提升教育水平,政绩突出;
　夔州刺史调任和州刺史:回不了总公司,只能一直在地方分公司打转;
　太子宾客后又兼检校礼部尚书:闲职,钱多,天天和白居易一起写诗唱歌。

● **成就事件**
　参与"永贞革新",虽然失败被贬,但初心不改!
　在地方为官,游山玩水,写下诸多山水诗,收集了众多民歌。

● **自我评价**
　打不死的小强,没错,就是我!

● **主要作品**
　《竹枝词》《乌衣巷》《望洞庭》《陋室铭》《酬乐天扬州初逢席上见赠》等。

217

李绅

悯农诗人暴富后的"B 面人生",
人设崩塌后脱粉无数

他从年少奋发到晚年奢靡,从悯农诗人到贪官酷吏,最终活成了自己讨厌的样子;他靠《悯农》圈粉无数,但留下的黑料早已让其人设崩塌。

公元 772 年,李绅出生于乌程(今浙江湖州)的一个官宦世家,他的曾祖父李敬玄曾在武则天时期担任过中书令,父亲担任乌程县县令。从曾祖父到父亲这一代都是为国家为百姓干活的,在这样的家庭环境的熏陶下,李绅按理也应该成为一个爱护百姓的好官。但好景不长,在李绅六岁那年,他父亲去世,留下小李绅和母亲两人相依为命。

自此李绅告别了锦衣玉食的生活,全靠老妈含辛茹苦地将他养育成人。卢氏也是个聪明人,她非常清楚李家世代为官,在官场上肯定树了不少敌人,而老李的离开正是他们下手的好机会。惹不起还躲不起嘛,于是卢氏就带着小李绅和哥哥搬到了无锡居住,兄弟两人在老妈的教育下熟读经书,日子过得苦是苦了点,但这时的小李绅还是有着发扬父辈精神的大梦想的。可惜祸不单行,三年之后,母亲卢氏也去世了，这下好了，两个原本的世家子弟，彻底沦为了漂泊无依的孤儿。

这一年小李绅也就只有九岁，生活的重担一下子落在了哥哥的肩膀上。不过好在小李绅一直没有忘记自己的梦想，努力学习，十来岁就已将科举的"经义"牢记于心，他要靠走仕途路重振家风。兄弟俩清贫的日子一过又是五六年，此时的李绅已经是一个十五六岁的风华少年，他不愿再做兄长的负担，于是决定去惠山寺继续深造，以便有朝一日实现心中的抱负。

在惠山寺，李绅得到了完全免费的衣食住行，也得到了良好的学习环境。他发奋苦读，一读就是十年。现在惠山还留有李相读书台，他对这个地方也充满着感情。很多年以后，李绅路过无锡，还写下了《忆题惠山寺书堂》：

故山一别光阴改，秋露清风岁月多。
松下壮心年少去，池边衰影老人过。
白云生灭依岩岫，青桂荣枯托薜萝。
惟有此身长是客，又驱旌旆寄烟波。

公元798年，二十七岁的李绅前往长安赶考，路过一片田地的时候，看着丰收时节劳作的农夫和堆积如山的粮食，遥想到自己的母亲也是这般辛苦，可他们最终连温饱都难以维持，顿时心生感慨，写下了这两首传世佳作《悯农二首》。

悯农（其一）
春种一粒粟，秋收万颗子。
四海无闲田，农夫犹饿死。

悯农（其二）
锄禾日当午，汗滴禾下土。
谁知盘中餐，粒粒皆辛苦。

清·陈枚《耕织图册之灌溉》

    李绅也凭借着这两首诗收获了不少农民粉丝,大家赞扬他是一个知道百姓贫苦的好孩子,在现代也赢得了不少"小粉丝"的心,只要说出"锄禾日当午",他们马上就能接出下一句。这样一个为农民发声的诗人,就说说,还有谁?

    这时候的李绅内心深处还是想做一个造福百姓的好官的。他带着这两首诗开始了他的科考之路。但不是所有人都能一举登第,李绅也不例外。他的科考之路并不顺利,虽然多年刻苦攻读,满腹经纶,却无人赏识,还要为一日三餐发愁,李绅这心里苦呀!

    他的诗打动了天下人,也为他赢得了"悯农诗人"的雅号,但李绅还是得继续在科考之路上反复奔波。接下来的几届考试，李绅也都是名落孙山。作为考场上的常客，他也结识了不少俊杰之士，并和白居易、元稹成了好兄弟。《莺莺歌》就是在这期间所作：

> 伯劳飞迟燕飞疾，垂杨绽金花笑日。
> 绿窗娇女字莺莺，金雀娅鬟年十七。
> 黄姑上天阿母在，寂寞霜姿素莲质。
> 门掩重关萧寺中，芳草花时不曾出。

虽然仕途上屡遭挫折，但李绅从未停止追求梦想的步伐。直到公元806年，好运终于降临到了三十五岁的李绅身上，他如愿以偿考上了进士，被分配到了国子监工作。但李绅并不满意这个小官职，觉得自己被大材小用了，于是愤然辞官，前往金陵投靠了镇海节度使李锜，成为这位本家节度使的秘书，负责军中的文书工作。但没过多久，李绅就因不满李锜的起兵行为而被关入狱中，直到李锜被杀后才获释。这一来，朝廷也注意到了李绅这个小人物，安排他返回长安为官，李绅的人生就是从这里开始彻底改变的。三十七岁的李绅担任校书郎并与好朋友白居易和元稹一起开辟了新乐府运动，在此期间他写下了《新题乐府》二十首，但如今已全部失传了。

"新乐府运动"之后，李绅被提拔为右拾遗，后又担任翰林学士。当时，朝廷的文武大臣分为两个派系，一个是"牛党"，另一个就是"李党"。这个时候，每个人都要为自己的仕途考虑，开始选择站队，李绅选择了支持李德裕。事实证明李绅看人还是挺准的，虽然中间有几年的时间他因"李党"失势而被贬在外，但公元833年，李德裕成功当上宰相，李绅也被安排为浙东观察使，此后，又历任中书侍郎、尚书右仆射、淮南节度使等职，节节高升，直到七十一岁入京拜相，被封为赵国公，他的升职之路可以说是一路绿灯。

但随着官做得越来越大，李绅慢慢开始飘了，也将初心忘了个一干二净。

相传李绅是个十足的吃货，他最喜欢吃鸡，但只吃鸡舌头。果然不走寻常路

南宋·李嵩 《听琴图》

呀！为了做这一味菜，后院宰杀的鸡常常堆积如山，而李绅对此视若平常，毫不在意。虽然这件事不一定是真的，但是他的奢靡确实是事实，李绅再也不是当年那个"悯农"少年了。

到了晚年，李绅的家中更是妓妾成群。苏州刺史刘禹锡在一次应邀参加李绅举办的宴会时，看到如此奢靡的一幕，也不免像"刘姥姥进大观园"，心中感慨，写下了《赠李司空妓》：

高髻云鬟宫样妆，春风一曲杜韦娘。
司空见惯浑闲事，断尽苏州刺史肠。

诗里暗指曾担任司空一职的李绅对这些歌伎都见怪不怪了，这就是成语"司空见惯"的来历。在李绅的治理下，百姓生活过得水深火热，民不聊生，更发生了著名的"吴湘冤案"。

公元846年，七十五岁的李绅终于走到了生命的尽头，衰老而死。

同年，宣宗即位，李德裕被罢相，李党失势。牛党趁机清算，李绅生前为非作歹的证据被呈报给朝廷。李绅生前生活豪奢、为官酷暴，被朝廷定性为酷吏，但因为本人已经离世，所以得到了"削绅三官，子孙不得仕"的惩罚。

纵观李绅的一生，他是那个奋发图强的少年，是那个感慨老农辛苦的李绅；但也是那个没有守住初心的奢靡放荡子和滥杀无辜的节度使，当年的少年郎再也回不来了。他也用一生告诉我们，一个人在做事的时候不要忘记自己的初心。不忘初心，方得始终，如果忘记了自己的初衷，那么得到的结果又有什么意义呢？

李绅 的简历

- **籍贯**
  浙江湖州

- **生卒年**
  公元772—846年

- **荣誉称号**
  "悯农"诗人，与李德裕、元稹号为"三俊"

- **职场经历**
  国子监助教：职位太低，不符合职业发展方向，裸辞；
  节度使李锜幕府从事：进了黑公司，差点丢了性命；
  校书郎升为右拾遗：回到长安，事业开始走上坡路，还参与文学社，倡导"新乐府运动"；
  从翰林学士到户部侍郎：卷入"牛李党争"，站队成功，连连升职；
  端州司马：团队失势，跟着吃瓜落，被贬官外放；
  浙东观察使到淮南节度使：老领导又行了，跟着领导越混越好，升职加薪，治理一方；
  尚书右仆射、门下侍郎：职业发展巅峰，估计是唐朝诗人里的最高职位了吧。

- **成就事件**
  与白居易、元稹一起发起"新乐府运动"。

- **自我评价**
  大家一定要珍惜粮食啊，谁知盘中餐，粒粒皆辛苦！

- **主要作品**
  《悯农二首》。

崔护

大唐的"桃花教主"，
凭一首桃花诗抱得美人归

> 他是失恋之人的"最强嘴替"，仅靠一首诗就道出了无数多情男女的心声；他是大唐的"桃花教主"，有着复活人的"超能力"。

公元 772 年，崔护出生于博陵（今河北定州）的一个书香世家，和崔颢也可以算得上是半个亲戚了，都是博陵崔氏的后人。

崔护这孩子从小就是个"社恐"，不爱与人交往，只知道死读书。当然，他还是很多父母口中"别人家的孩子"，不调皮，不捣乱，好好学习，天天向上。崔护也不像同龄人那样早恋交友，一心埋头苦读书，只想考取功名报父母。男人只要有功名，还怕没爱情？他是这么想的，也是这么干的，可现实马上就教会他怎么做人了。

作为一个典型的唐朝人，崔护十年寒窗苦读，写满了不知道多少本"黄冈密卷"，原本想着把科举一波带走，没承想反被科举一波抬走。二十一岁的崔护第一次参加进士考试，本来信心满满的他竟名落孙山了。看着昔日同学金榜题名，崔护心里更郁闷了，想着：既然长安城里尽是得意之人，那我去城外看总可以了吧。

崔护漫无目的地走了很久，不知不觉走到了一座比较大的庄园外面，园内桃花盛开，却寂静无声。喝完酒的崔护顿时感觉有些口渴，便上前去敲门，想讨碗水喝，没想到，开门的竟是一位妙龄的少女。只一眼，崔护的周围就冒起了粉红色的泡泡。当然那时候的崔护玉树临风还是有的，没错，两个人就这么看对眼了。但此次科举落第，前途难说，崔护也知道现在不是谈儿女私情的时候，只能匆匆喝完水就离开，少女绛娘也只能站在门口默默地目送缓缓远去的崔护。崔护在桃花园与绛娘依依分别后，便把这份热烈的爱深深埋在心底，从此闭关苦读，暗自发誓他日若考上进士，定用八抬大轿，风风光光地将这美娇娘娶回来。

　　时光如流水，转眼到了第二年清明时节，崔护望着窗外绽开的桃花不由得触景生情，回忆起去年的南庄旧事，绛娘的情影不断在他脑海中闪现。他激动起来，出门一路快行前往南庄。路上的一切风景都宛如昨日，但随着距离的拉近，

崔护的心中也不禁翻腾起一股不安的感觉。整个院落寂静无声，他隔着竹篱高呼道："小生踏春路过，想求些水喝！"期盼着去年的那一幕再次上演。许久都不见少女出来开门。他隔着竹篱叫绛娘，却无回应之声。顿时，如一瓢冷水浇头，崔护那火热的心凉了大半。他推开柴门，坐在院里的一棵桃花树下，等了好长时间，仍不见绛娘归来。

又是夕阳西斜的时候了，他讪讪地从窗棂中取出笔墨，怅然地在房门上写下一首七绝《题都城南庄》：

去年今日此门中，人面桃花相映红。
人面不知何处去，桃花依旧笑春风。

清·费丹旭《人面桃花图》

你看人家随手一题，就是千古名句。要不说人家是才子呢，连表白都这么有才情。

题完诗，崔护郁闷地离去。这一走，他倒是没啥，可姑娘出了大事。

崔护回家后，过了许久都不死心，决定再去一趟，碰碰运气。这次他刚到茅舍院落外，就听到茅舍中传出嘶哑的哭声。崔护心里发紧，连忙敲门。

开门的是一个老头，崔护一看估摸着这应该是未来的老丈人，于是主动报了姓名，并坦白了题诗的事，想要见绛娘一面。谁知，话音刚落，这未来老丈人一把扯住崔护的衣服，又哭又闹，非要他赔女儿性命，搞得崔护丈二和尚——摸不着头脑。原来，绛娘自从去年与崔护有过一面之缘后，就怎么也忘不了这个年轻的小帅哥，没过多久就病倒了。为了宽慰女儿，父亲就经常带着她出门走亲戚，换个环境，绛娘的心情会好很多。就这样，他们熬过了一年多，某一天，他们从亲戚家回来，一眼看见门框上的新诗，绛娘以为此生再也见不到崔护了，从此便不吃不喝，一病不起，在崔护来之前已气息全无了……

崔护一听，立马冲进内室，抱住刚断气不久的绛娘声嘶力竭地呼喊，泪水流满了绛娘的面庞。或许是精诚感动了苍天吧，绛娘慢慢悠悠地苏醒过来！还得是爱情，竟创造了医学奇迹。未来老丈人一看女儿醒过来了，一高兴便将绛娘许配给了崔护。幸好咱们崔护公子是个好人，不然绛娘这个小姑娘不知道要挖几年"野菜"了。

这时，本想等事业有点起色后再来迎娶绛娘的崔护，经历了失而复得，心情起伏就像坐过山车一样，心想：爷管不了这么多了，人都差点凉了，还是先绑在自己身边比较安全。于是做好决定的崔护急匆匆地回家就想拿"户口本"。崔爸、崔妈听了这两个孩子的故事之后非常感动，再加上绛娘这个小姑娘又漂亮又贤淑，心里也是喜欢得紧，于是依礼行聘，择一吉日将绛娘娶进门来，顺便将老丈人之后的生活起居也都安顿好了。

这下有了绛娘的陪伴，崔护也可以安心学习备考了，直到公元796年，崔护成功进士及第，外放为官，二十几岁的年纪就已经爱情事业双丰收了，搁现在也要羡慕坏不少人。之后，崔护的事业蒸蒸日上，在公元 829 年晋升为京兆尹，相当于如今的首都市长了，同年又被提拔为御史大夫、广南节度使，官做得越来越大，再加上他为官清廉，政绩卓著，更是深受百姓爱戴。

公元 846 年，崔护寿终正寝，享年七十四岁。

纵观崔护的一生，官做得不小，只可惜当时没有溜须拍马的秘书为他写传记，这样一个为诗坛留下一声如此绝响的诗人，形象却这般模糊，确实有些令人抓狂。好在他的诗精练婉丽，语言清新，在《全唐诗》里存诗六首，皆是佳作，但最热门的还是他那首《题都城南庄》。金朝文学家元好问对于这首诗也是情有独钟，还把这个姑娘写进了自己的作品中，从而赋予了这个故事新的生命，留下了同样经典的《杨柳原》：

杨柳青青沟水流，莺儿调舌弄娇柔。
桃花记得题诗客，斜倚春风笑不休。

《题都城南庄》以"人面桃花，物是人非"这样一个看似寻常的人生经历，却描写出很多人相似的微妙经历和情感波动，也让这句诗历经千年仍是大家口中鲜活的金句。崔护的故事固然浪漫奇幻，但现实中的爱情只有真心相对，执着追求，才可能修得圆满。愿天下有情人终成眷属，愿世间和美幸福！

崔护

的简历

● **籍贯**
河北定州

● **生卒年**
公元 772—846 年

● **荣誉称号**
无

● **职场经历**
京兆尹：首都市长这工作可真不赖，不枉我老婆日夜伴读，红袖添香，谢谢老婆；

御史大夫：升职了，谢谢老婆；

广南节度使：又升职了，谢谢老婆。

● **成就事件**
现在年轻人爱用的伤感签名档——"人面不知何处去，桃花依旧笑春风"，是我写的！

● **自我评价**
本人为官清正，KPI 搞得不错，深受百姓爱戴，在寻找爱情的路上也是一段传奇。

● **主要作品**
《题都城南庄》《山鸡舞石镜》等。

柳宗元

永州"旅游大 V",孤独钓翁,
他是为民遮风挡雨的巨树

他是带火湖南永州的"初代旅游博主",他是一个孤独的行者,他称得上鲁迅先生心中中华民族历史上"脊梁式的人物"。

公元 773 年,柳宗元出生在京城长安,他是个正宗的世家公子。柳宗元所属的河东柳氏,是河东的名门望族,和河东的裴氏、薛氏并称为"河东三大世家"。柳氏一门人才辈出,柳宗元是个妥妥的"官八代",他的祖上是南北朝时期的重臣,虽然到了他祖父那一代家道中落,但是书香门第的底子还是非常深厚的,大书法家柳公权就是他的叔父辈。

柳宗元的母系范阳卢氏也是誉满天下,范阳卢氏、清河崔氏、太原王氏、荥阳郑氏是中国古代四大名门望族。"初唐四杰"之一的卢照邻、"大历十才子"的带头大哥卢纶等都出自范阳卢氏。

柳宗元的才华和他的家世背景,注定会让他拥有一个意气风发的青年时期。公元 793 年,二十一岁的柳宗元考中进士,也第一次认识了同榜得名、未来一辈子的好朋友刘禹锡。金榜题名之后就是美好的洞房花烛,他的妻子是同样出自名门的弘农杨氏女。夫妻恩爱，婆媳关系融洽，可惜这样幸福的光景仅仅过了三年，他的妻子就因怀孕难产不幸去世了。

杨氏女的去世，翻开了他悲剧命运的第一页。

公元805年，已经当了二十五年太子的李诵继承大统，史称"唐顺宗"。柳宗元把全部希望都压在了他身上，全心全意地辅佐他。可惜唐顺宗是唐代命最不好的一个皇帝，太子做了这么多年，皇帝却只做了八个月就被迫退位了。

这时候的大唐已经一百八十多岁了，柳宗元、刘禹锡等人追随王叔文集团，想要革除宦官专权与藩镇割据的旧弊，恢复唐王朝往昔的荣光，可惜朝政之弊积重难返，唐朝不可避免地逐步步入老年。这场"永贞革新"仅仅维持了半年，就以顺宗退位、二王被杀、八人被贬为边远地区的司马而惨淡收场。

其中刘禹锡被贬为朗州司马，柳宗元被贬为永州司马。柳宗元与湖南永州的十年之缘自此开始。一千多年前的永州地方偏僻且人烟稀少，要多蛮荒有多蛮荒。那时候柳宗元以为被贬不过是一时的沉浮，他的诗文里装着的，是短短不足两百天的惊心动魄给他的心灵带来的冲击。

"窜逐宦湘浦，摇心剧悬旌。始惊陷世议，终欲逃天刑。"这是柳宗元被贬永州后所作《游石角过小岭至长乌村》中的四句。柳宗元没有想到，被贬永州其实意味着他仕途的终结。在永州最初的五年，柳宗元一直住在当地的一座寺庙中。有人分析说，这是因为在柳宗元的心里，他始终不相信自己会在边远之地长时间驻留，所以他选择客居龙兴寺，一直翘首以盼召他回京的消息。

可是一年又一年过去了，柳宗元等到脖子都酸了，也没能盼来赦令，只在唐宪宗登基大赦天下那一年，收到了"不在量移之限"的诏令。意思是不论怎样的喜事，不管如何大赦天下，这被贬的八位司马都不在宽赦的范围内。

可能柳宗元终于在这一刻理解了什么是"先帝创业未半而中道崩殂"，什么是"出师未捷身先死"，他的仕途才刚刚开始就结束了，他的心情如同坠入冰窖。恰好那一年的冬天，永州随着他的心情下了一场铺天盖地的大雪，大雪湮没了一切，寒冷、孤独与寂寞噬咬着他的心，在那样的情境和心境之下，他写出了这篇传世孤绝的诗作《江雪》：

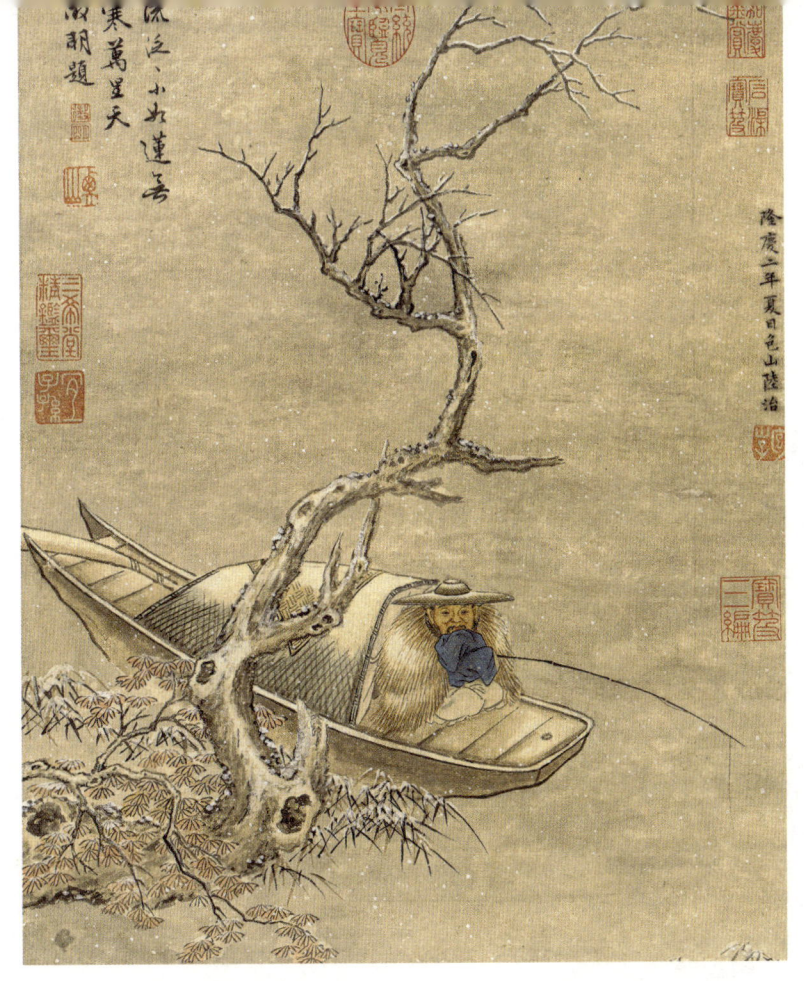

明·陆治《寒江钓艇图》（局部）

千山鸟飞绝，万径人踪灭。
孤舟蓑笠翁，独钓寒江雪。

同样是在这几年里，他的女儿染病身亡，他还送走了同来永州的母亲。这个被贬的伤心之地，他只能自己一个人独自过活了。当所有希望宣告破灭的时候，或许意味着重生，也或许意味着另一段人生的开始。

柳宗元知道自己大概再也回不去了，那就只能在这里安家。在永州的日子，他除了苦读诗书，就是四处游山玩水，著名的《永州八记》就是出自这段岁月。我们中学时学过他的《小石潭记》：

清·陆恢《山水轴图》

从小丘西行百二十步，隔篁竹，闻水声，如鸣佩环，心乐之。伐竹取道，下见小潭，水尤清冽。

当时摇头晃脑背诵全文的时候，或许我们只是将它当作一篇纯粹的写景文看待。谁又能真正理解柳宗元当时的感受呢？

坐潭上，四面竹树环合，寂寥无人，凄神寒骨，悄怆幽邃。

无论是多美的景色，在一瞬间的喜悦之后，涌上心头的，总是无穷无尽的忧伤。

"国家不幸诗家幸，赋到沧桑句便工。"如果让柳宗元回忆这一生，或许他最痛恨的就是在永州的这一段时光，但是他被后世参评为"唐宋八大家"之一的大部分作品，都出自在永州的这十年。这十年铸就了永州永远的名片，也是永州历史最辉煌的十年。

公元815年，四十三岁的柳宗元被召回长安，可是当朝的唐宪宗依然忌讳被贬的这八个司马，他们刚刚抵达长安就继续被贬。这一次刘禹锡被贬去播州，柳宗元被贬去柳州。播州比柳州更远，条件也更艰苦，柳宗元考虑到自己是孑然一身，而刘禹锡还要照顾一个八十岁高龄的老母亲，他即刻向皇上上书，请求自己与刘禹锡调换被贬之地。

不过，最终没能调换成功，因为宰相裴度求情，刘禹锡改贬到了连州。当年三月底，这对好友一起出发上任，到了湖南衡阳才执手分别，各奔东西。看着同样命运的好朋友刘禹锡，柳宗元忍不住感慨：

重别梦得

二十年来万事同，今朝岐路忽西东。
皇恩若许归田去，晚岁当为邻舍翁。

柳州或许注定是属于柳宗元的。明升暗贬，柳宗元担任了柳州刺史，比起司马来，刺史稍微有了点实权。但是柳州比起永州更加蛮荒，这里蛮族杂居，语言难通，而且劫掠贩卖人口之风盛行。或许柳宗元心中依然有着愤懑与不甘心，但是他立刻收起了个人情绪，办起了正事。柳宗元重视教育，他在当地修孔庙，建学堂，宣传儒家思想；在民生方面，抓农耕，废除当地奴隶买卖制度，等等。他做了一系列实事，政绩斐然。

鲁迅先生说过，"我们从古以来，就有埋头苦干的人，有拼命硬干的人，有为民请命的人，有舍身求法的人……虽是等于为帝王将相作家谱的所谓'正史'，也往往掩不住他们的光耀，这就是中国的脊梁"。有一分热发一分光的柳宗元，能够称得上是鲁迅先生心中中华民族脊梁的代表。

在柳州，柳宗元还带头搞绿化，带领大家一起种植柳树的时候，他写了一篇《种柳戏题》：

> 柳州柳刺史，种柳柳江边。
> 谈笑为故事，推移成昔年。
> 垂阴当覆地，耸干会参天。
> 好作思人树，惭无惠化传。

这是他被贬谪之后难得的风趣之作。事实上，在柳宗元生命中的最后几年，病痛和愁思一直在折磨着他。在《寄韦珩》中，他提到自己正在经历着什么：

> 奇疮钉骨状如箭，鬼手脱命争纤毫。
> 今年啮毒得霍疾，支心搅腹戟与刀。

在这里他水土不服，先后得了疥疮和霍乱两种病，另外，还因为脚上长了肿块而三天不省人事。或许是因为免疫力低下，也或许是百病心生，对于这样一个疾病缠身且郁郁寡欢的失意者，或许早逝是必然的结局。被贬到柳州第三年时，柳宗元知道自己时日无多，和他的部下说过："吾弃于时，而寄于此，与若等好也。明年，吾将死。"

果然，到了第二年，公元819年，四十七岁的柳宗元在柳州因病去世。公元1158年，宋高宗加封柳宗元为"文惠昭灵侯"。

柳宗元最终把穿越千年的孤独留给了自己，把文学之美和万世的功德留给了大家。正像他的好朋友吕温所写：

> 柳州柳刺史，种柳柳江边。
> 柳管依然在，千秋柳拂天。

柳宗元的简历

● **籍贯**
　　山西运城

● **生卒年**
　　公元773—819年

● **荣誉称号**
　　"唐宋八大家"之一,"千古文章四大家"之一,与韩愈并称"韩柳",与刘禹锡并称"刘柳",与王维、孟浩然、韦应物并称"王孟韦柳","游记之祖"

● **职场经历**
　　校书郎:人生第一份工作是给书改改错;
　　监察御史里行:抓同事小辫子,发现同事的小辫子太多了,职场真黑啊;
　　礼部员外郎:掌管礼仪、贡举等事宜,参与改革公司制度,失败后被外派到地方分公司;
　　永州司马:被彻底边缘化了,分公司山高水远,心情很郁闷,游玩散心时灵感迸发,写了很多作品,比如,《小石潭记》和《江雪》;
　　柳州刺史:建学校,搞绿化,干得还行,可身体吃不消。

● **成就事件**
　　《永州八记》等诗文带火了永州,我成为"永州文化代言人",被推为"游记之祖";
　　浸透"千万孤独"的《江雪》被誉为"史上最孤独的一首诗"。

● **自我评价**
　　千山鸟飞绝,万径人踪灭,谁懂我的孤独?

● **主要作品**
　　《别舍弟宗一》《小石潭记》《江雪》《渔翁》等。

贾岛

半僧半俗苦吟一生，
字字推敲衍生多轮"贾岛热"

他是科举从未中第的寒门学子，是半僧半俗的诗人，是天天研究写诗到忘我地步的诗痴；"推敲"一词据说就是由他而来。

公元779年，贾岛出生在河北道幽州范阳（今河北涿州）的一家农户里。贾岛是一个典型的农民家的孩子。穷人的孩子早当家，贾岛小小年纪就帮着父母做家务，而且非常聪明伶俐。

贾岛十九岁那一年，在今天的北京房山区石楼镇大次洛村，遇到了云盖寺的住持，在和住持一番长谈过后，贾岛决定出家，还给自己取法号为"无本"。出家后的贾岛解决了温饱问题，开始和住持云游四海。

公元810年冬，贾岛来到了长安，拜见了张籍。第二年春天，他又拜见了韩愈。韩愈觉得贾岛的诗写得好，就劝贾岛还俗。那可是韩愈的劝说啊，贾岛听了韩愈的话，兴冲冲地参加科考，可一次也没考上。多次落榜让贾岛对科考失望至极，觉得自己怀才不遇，于是写了很多首诗发牢骚。比如，他用一首《古意》感叹自己科举之路的坎坷：

> 碌碌复碌碌，百年双转毂。
> 志士终夜心，良马白日足。
> 俱为不等闲，谁是知音目。
> 眼中两行泪，曾吊三献玉。

他用一首《剑客》诉说自己斗志昂扬却怀才不遇：

> 十年磨一剑，霜刃未曾试。
> 今日把示君，谁有不平事？

还用一首《下第》描写自己落第后的痛苦心情：

> 下第只空囊，如何住帝乡。
> 杏园啼百舌，谁醉在花傍。
> 泪落故山远，病来春草长。
> 知音逢岂易，孤棹负三湘。

可见，贾岛是被科举考试伤透了心。

不过贾岛虽然考试成绩差，不是成绩优异的尖子生，却是勤奋努力的"三好学生"。他写诗非常刻苦认真，常常为了诗中的一个字煞费苦心，斟酌很久，写诗写得忘我。他自己曾经为此写道，"一日不作诗，心源如废井"，"二句三年得，一吟双泪流。知音如不赏，归卧故山秋"。他也因此而得"诗奴"之称。据说贾岛因为写诗太过专注，还引发过交通事故。

一次是贾岛骑着毛驴走在长安的朱雀大街上，那时正值深秋时分，落叶飘飘，景色十分迷人。贾岛看着眼前的美景吟出了一句"落叶满长安"，但仔细一琢磨，这句诗还差一个上句，便开始苦思冥想起来，一边走一边念叨。这时，恰好迎面走来一队京兆尹的仪仗队，京兆尹可以理解为首都的市长，是个大官。此时贾岛灵感翻涌，忽然想到可以用"秋风生渭水"来对，十分欣喜雀跃，愣是没注意面前的一堆人，撞上了京兆尹的车马。京兆尹十分生气，叫人把他抓起来关了一夜。他写的这首诗便是《忆江上吴处士》：

闽国扬帆去，蟾蜍亏复团。
秋风生渭水，落叶满长安。
此地聚会夕，当时雷雨寒。
兰桡殊未返，消息海云端。

而另一次"车祸"就产生了十分有名的"推敲"典故。一天晚上，贾岛骑着驴子去拜访自己的一位朋友李凝。他到达李凝的居所后，就轻轻地敲门，没有人应答，贾岛就想推门而入，可是推不开，因为李凝那天碰巧没在家。而此时的郊外夜深人静，鸟儿栖息在池边的树上，皎洁的月光下只有贾岛一人在轻轻地敲门，眼前的景象给了贾岛写诗的灵感，于是吟出了一首《题李凝幽居》：

清·髡残《秋山幽寺图》

> 闲居少邻并，草径入荒园。
>
> 鸟宿池边树，僧敲月下门。
>
> 过桥分野色，移石动云根。
>
> 暂去还来此，幽期不负言。

第二天早上，贾岛骑着那头驴，返回长安城，他一边走一边琢磨：到底是"僧推月下门"好，还是"僧敲月下门"好呢？他想得太专注，不知不觉间竟骑驴闯进了韩愈的仪仗队里。不过韩愈没有生气，而是问贾岛为什么乱闯。贾岛就把自己作诗却不知道用"敲"还是"推"的困惑告诉了韩愈。韩愈听了对贾岛说："我看还是用'敲'好，拜访友人，先敲门，表示你是一个知书达理之人。一个'敲'字，使夜静更深之时，多了几分声响。静中有动，岂不更有意境？"贾岛听了连连点头，于是把这句诗最终定稿为"僧敲月下门"。这就是"推敲"典故的由来。

不过，关于这两个故事的版本有很多，都只是从前流传下来的佳话，我们也无从考究，但是不论那一段故事是不是真的，我们都能从故事中看到那个为一词一字反复斟酌、废寝忘食的贾岛。

公元819年，贾岛的好友韩愈因为上表谏迎佛骨一事被贬官到了潮州。潮州在当时还不发达，靠近海边，属于蛮荒之地。也正是在这个时候，韩愈写了一首《左迁至蓝关示侄孙湘》：

> 一封朝奏九重天，夕贬潮州路八千。
>
> 欲为圣明除弊事，肯将衰朽惜残年。
>
> 云横秦岭家何在，雪拥蓝关马不前。
>
> 知汝远来应有意，好收吾骨瘴江边。

韩愈并不后悔自己的劝谏，他认为，为江山社稷和百姓苍生兴利除弊、尽职尽责，是人臣的责任和义务，怎么能够因为担心自己的性命，不敢去直言劝谏呢？这首诗传到京城，韩愈的精神气节深深打动了贾岛，于是他写下一首《寄韩潮州愈》：

> 此心曾与木兰舟，直到天南潮水头。
> 隔岭篇章来华岳，出关书信过泷流。
> 峰悬驿路残云断，海浸城根老树秋。
> 一夕瘴烟风卷尽，月明初上浪西楼。

贾岛写这首诗安慰韩愈，也表达了自己对韩愈的钦佩。

公元837年九月，贾岛五十八岁，因罪被贬，成为长江县主簿（今四川遂宁市大英县）。而这项罪，据说也是因为诗歌"夺卷忤宣宗"而获。一日，微服出游的宣宗见案上有诗卷便拿来阅览，贾岛不识宣宗，脱口而出："郎君华服美食，懂什么诗歌？"宣宗并无多言，但不日他就被外放到蜀地。不过，贾岛在工作上还是比较认真努力的，闲暇之余也一直在写诗，在任三年，手不释卷。不过他也在诗歌中发了不少牢骚，一再称自己是"逐客""迁人"，也因此获得了"苦吟诗人"的称号，和孟郊一起被苏轼评价为"郊寒岛瘦"。在任的三年，贾岛对长江县充满了感情，于是把用一生心血吟成的诗歌命名为《长江集》，因此后世人也称贾岛为"贾长江"。

公元840年，贾岛任期满后，升任普州（今安岳县）司仓参军，在当地掌管财政税收，有空的时候他就去南楼读书作诗，《夏夜登南楼》就记录了当时的情形：

> 水岸寒楼带月跻，夏林初见岳阳溪。
> 一点新萤报秋信，不知何处是菩提。

三年后，任期已满的贾岛又升任普州司户参军，但遗憾的是，贾岛未及赴任，便在四川普州因病辞世，享年六十五岁。

清·王时翼《岳阳大观轴》（局部）

贾岛一生落寞，作诗苦吟，虽形单影只，却在诗歌璀璨的大唐赢得了属于自己的荣耀。他把一生献给了诗歌，据《唐才子传》记载，每年除夕夜，他会把这一年写的诗歌供于案前，焚香祭拜，然后祝酒说道：这可是我一年的苦心啊！

他追求淡泊世事的寒狭境界和孤独情调成为大唐一道亮丽的风景线，苏东坡更是把他和孟郊形象地概括为"郊寒岛瘦"，他们以简啬孤峭的诗歌风格在晚唐树起了一面个性张扬的旗帜。不仅如此，《全唐诗》中晚唐诗人怀念贾岛的作品数量，远远超过了怀念李白、杜甫等人的，宋初诗人学习写诗，也把贾岛当作好榜样，这应该是对他用生命写诗的最高肯定了。

贾岛 的简历

- **籍贯**
  河北涿州

- **生卒年**
  公元 779—843 年

- **荣誉称号**
  诗奴，"苦吟诗人"代表

- **职场经历**
  和尚：栖身寺庙，解决温饱后，一边写诗，一边准备科考；
  长江县主簿：一边工作，一边写诗，主要是写诗，然后送人；
  普州司仓参军：管理公司财库，没事还是写诗，然后送人。

- **成就事件**
  因为简峭孤峭的诗歌风格，与孟郊一起被苏轼评为"郊寒岛瘦"；
  因为痴心于诗歌创作，让"推敲"一词成为写文章和做事反复琢磨的代名词。

- **自我评价**
  "一日不作诗，心源如废井。"诗！诗！诗！让我写诗！

- **主要作品**
  《题李凝幽居》《寻隐者不遇》《题诗后》《剑客》等。

元稹

世人眼中的"大猪蹄子"，也是百姓心中的青天老爷

他是白居易的铁哥们儿，是最具才情的"大渣男"，笔下的爱恨情痴滋味万千；他一生仕途坎坷，只得将满腔热血注入诗中，写尽世事沧桑。

元稹出生于公元779年，今河南洛阳人。元稹八岁的时候，父亲元宽去世，家境转贫，好在他的母亲郑氏出自书香门第，十分有文化，亲自教授元稹。元稹从小就很聪明，是个小有名气的"学霸"，他也没有辜负母亲的期望，在十五岁的时候就考中明经。虽说元稹具备了入仕的资格，但他没有背景，于是在很长一段时间内都就业困难，成了一名待业青年。

不过元稹始终没有放弃求取功名。公元799年，元稹到蒲洲（今山西永济市）当了一个小官，就是在这个地方，元稹遇到了他的初恋崔莺莺，元稹用一首《明月三五夜》俘获了崔莺莺的芳心：

待月西厢下，迎风户半开。
拂墙花影动，疑是玉人来。

明·仇英《西厢记图页》

  崔莺莺非常欣赏元稹的才华,而且她才貌双全,家中也很富有,对待元稹更是一心一意。

  就在这个时候,元稹科举落榜,而时任京兆尹的韦夏卿却看中了元稹,觉得元稹前途一片光明,于是他把自己的小女儿韦丛下嫁给此时还无权无势、穷困潦倒的元稹。因为初恋崔莺莺家中没有权势,求官心切的元稹觉得这对他的仕途并

没有太大帮助，于是在一番思考后，他抛弃了崔莺莺。我们这里所说的崔莺莺，也就是王实甫《西厢记》中的原型。

  公元802年，元稹和韦丛成婚，和韦丛的婚姻开启了元稹的逆袭之路。韦家是官宦家庭，有权有势，韦夏卿是当朝正二品的太子少保，韦丛长得也很漂亮，而且饱读诗书，是妥妥的"白富美"，这段婚姻属实是元稹高攀了。婚后韦丛也丝毫不嫌弃元稹的贫穷，对待元稹也十分体贴。他们成婚后的七年时间里，韦丛先后诞下五子一女。但贫穷的生活和频繁的生育让韦丛不堪重负,二十七岁便过世了。那时元稹才刚升任监察御史,幸福生活才刚要开始。面对妻子的去世,元稹十分悲痛,写了很多悼念妻子的悼亡诗,比如这首《离思五首(其四)》:

曾经沧海难为水,除却巫山不是云。
取次花丛懒回顾,半缘修道半缘君。

元稹把感情写入悼亡诗中,说韦丛在他心里是任何人都难以企及的。除此之外,在韦丛下葬的那天,元稹又写了三首悼亡诗,便是十分著名的《三遣悲怀》,其中有这样一句:"诚知此恨人人有,贫贱夫妻百事哀。"足见他对韦丛的深爱。

但是元稹的情场故事并没有到此结束。公元809年,元稹成为监察御史,因为工作需要前往蜀中,在当地与著名的女诗人薛涛滋生出了爱情的火苗,而此时元稹丧妻刚满一年。这段恋情是一场轰轰烈烈的姐弟恋,当时薛涛四十二岁,元稹才三十一岁。两人在一起议诗论政,三观相符,情投意合。虽然这十岁的年龄差一开始没有成为二人爱情的阻碍,但当热情褪去后,元稹和薛涛也不得不面对这样的问题,薛涛不仅比元稹大十一岁,还是乐伎出身,所以元稹断不可能娶薛涛为妻,薛涛也深知自己的身份对元稹的仕途只有负面影响。

元稹回长安复命后,写下一首《寄赠薛涛》,结束了和薛涛的恋情:

锦江滑腻蛾眉秀,幻出文君与薛涛。
言语巧偷鹦鹉舌,文章分得凤凰毛。
纷纷辞客多停笔,个个公卿欲梦刀。
别后相思隔烟水,菖蒲花发五云高。

公元810年,元稹因为触犯了宦官权贵被贬往江陵(今湖北荆州)参军。他的好友觉得元稹孤苦伶仃一个人,就将表妹安仙嫔嫁给了他,这是元稹的第二段

清・陆恢《归云图轴》（局部）

婚姻，可惜三年后安仙嫔也病逝了。

公元815年，元稹再次被贬。他被贬到兴元任职，机缘巧合下认识了裴淑，并与其成婚，开启了第三段婚姻。公元824年，元稹终于熬出头，被召回京城任职，但是没过多久，又被贬，调任浙东观察使兼越州刺史。元稹在江南之地任职，结识了当地著名的交际花刘采春，把刘采春纳为妾，和她一起生活了七年，却在被召回京城的时候，选择抛下刘采春独自离去，此举也是元稹被骂"渣男"的原因之一。

元稹的感情经历丰富，仕途却非常曲折坎坷。虽说他的情史被世人津津乐道，但千万别忽视元稹为官正直，倡导"新乐府"有功等事迹。他和白居易的神仙友谊也称得上是一段佳话。他们的诗歌观点相近，二人还共同提倡"新乐府"，可以说是志同道合、惺惺相惜。他们结成了圈中人人皆知的挚友，世人将他们并称为"元白"。元稹与白居易在京城发起了话本小说讲唱活动，他们为民发声，引起不小的反响，形成了"新乐府运动"的雏形。

"永贞革新"失败后，刘禹锡、柳宗元等八司马被流放，元稹为这些义士打抱不平，与白居易一起辞了工作。在剑南东川，元稹大胆弹劾了不法官吏，平反多起冤案，由此得罪权臣，受到排挤打压。他们给元稹穿小鞋，把他外遣出去。但元稹坚持秉公执法，他屡遭贬谪，仕途起起伏伏，官至宰相，三个月后又遭罢相，贬往同州，之后又往越州做刺史。在越州遭遇洪灾时，元稹亲临现场，指挥官兵与百姓共同抗洪，又上奏朝廷减少赋税，开仓放粮。之后他又兴修水利，发展农业，政绩斐然，颇得百姓拥戴，名声在百姓心中可是响当当的。

元稹的为官之路虽然十分坎坷，但他一心为民，报效国家，大胆揭露官吏的不合法行为，平反了很多冤假错案。他这些举动触犯了朝中旧官僚阶层，也就是藩镇集团的利益，所以先后遭遇了多次贬官。元稹不是在被贬，就是在被贬的路上，而他的好友白居易也没有闲着，是好朋友就一起被贬。

公元815年，元稹被贬为通州司马，白居易被贬为江州司马。当元稹得知白居易被贬为江州司马的时候，气得从病床上起来为白居易打抱不平，提笔写下《闻乐天授江州司马》：

残灯无焰影幢幢，此夕闻君谪九江。
垂死病中惊坐起，暗风吹雨入寒窗。

这两兄弟虽说距离隔得远，但也经常有书信往来。白居易给元稹写信总有说不完的话，如《禁中夜作，书与元九》：

心绪万端书两纸，欲封重读意迟迟。
五声宫漏初鸣夜，一点窗灯欲灭时。

白居易给元稹写信舍不得停笔，一看天都亮了才暂且停下。这一对难兄难弟在官场混得都不如意，但彼此又是对方坚强的后盾。白居易这样评价元稹："所得惟元君，乃知定交难。"并说他们的友谊"所合在方寸，心源无异端"。

可惜后来唐敬宗驾崩后，唐文宗李昂上任，元稹再次被贬，到湖北武昌担任鄂州刺史，此时的元稹已经五十岁了。元稹刚到任就大病一场，卧床不起，最终在公元831年病逝于武昌。白居易为元稹写道：

今在岂有相逢日，未死应无暂忘时。
从此三篇收泪后，终身无复更吟诗。

元稹的一生，可以说是幸运的，也可以说是不幸的。不幸的是他一生颠沛流离、仕途不顺，而幸运的是他有患难与共的好友，爱过很多人，也被很多人爱过。你可以说他多情风流，但也不能否认他以真心待人，感情真挚。你可以说他仕途不顺，官场失意，却也得承认他敢秉公执法，不畏强权欺压。没有人拥有十全十美的人生，但我们可以有坚持初心、屡败屡战的精神。生活泼来的冷水，浇不灭滚烫的灵魂。

元稹的简历

- **籍贯**
  河南洛阳

- **生卒年**
  公元779—831年

- **荣誉称号**
  与白居易并称"元白"

- **职场经历**
  左拾遗：和好朋友小白一起当个言官，因为话多被开除了；
  监察御史：因为不惧权势，敢说敢做，成了很多人的眼中钉；
  江陵参军：在职期间遇见杜甫的孙子杜嗣业，给杜甫写了墓志铭；
  通州司马：因为替领导出头失败，被排挤了，只能在地方分公司任职；
  从工部侍郎晋升为宰相：人生的高光时刻来临，但是只风光了三个月就被劝退；
  从同州刺史又调任浙东观察使兼越州刺史：总部的权力斗争太激烈，又被排挤出核心圈了；
  从尚书左丞到检校户部尚书：又一次在权力中心转了一个来回，起起伏伏，看淡了。

- **成就事件**
  "新乐府运动"主要倡导者，写的悼亡诗也是深情似海，让人泪湿衣衫。

- **自我评价**
  我不是渣男，我这是深情！

- **主要作品**
  《遣悲怀三首》《离思五首》等。

李贺

身负鬼才，命苦福薄，
天才的传奇只用二十七年写就

他是因貌丑而备受冷遇的"鬼才"，是倒霉透顶的"小镇做题家"。别人"坑爹"，他被爹坑，有人说他命比黄连苦，也有人说哪怕只得一句他笔下的千古佳句，就是一生的幸运。

公元790年，李贺出生在福昌县昌谷，也就是现在的洛阳宜阳县。李贺坚信自己有李唐宗室的高贵血统，经常把血统挂在嘴边，说一些"唐诸王孙李长吉""宗孙不调为谁怜""为谒皇孙请曹植"之类的话。而实际上他这个宗室王孙，大概连郑王的嫡脉都不是。到他的父亲李晋肃这一代，早就家道中落了，家境非常贫寒。

李贺的样貌让人过目难忘，倒不是因为长得帅，而是因为长得异于常人。李商隐在《李长吉小传》里说他"长吉细瘦，通眉，长指爪"，可见其身形又瘦，两根眉毛连在一起，手指还特别长。不得不说，这长相挺奇丑的。

李贺这么瘦的身形引起了老母亲的担忧。别人都是怕自己的孩子不读书，李贺的老母亲每天担心李贺太勤奋，沉迷学习无法自拔而导致日渐憔悴、日渐消瘦。这不是"凡尔赛",李商隐在《李长吉小传》里说,李贺每天白天骑驴,驴背上放个锦囊,想到好句子了,就写好丢进去,晚上再整理自己的锦囊。每天他回到家,他的老母亲就会抽查他的锦囊,看到他写了这么多诗句,忍不住哭诉说:"是儿要呕心乃已耳?""呕心沥血"这个词中的"呕心",出处就是这里。

张爱玲说"出名要趁早",李贺就是典型的早早出名。李贺七岁时,韩愈、皇甫湜来造访,他挥笔写就一首应酬诗《高轩过》,名扬京城。当然也有人质疑,说这是李贺二十岁时的作品,但是这并不妨碍李贺这个天才早早就发光了的事实。

公元804年,十五岁的李贺誉满京城,和写《夜上受降城闻笛》的李益齐名。

公元807年,十八岁的李贺诗名远播。当年,他拿着自己写的《雁门太守行》拜访韩愈。根据唐朝张固的《幽闲鼓吹》里面记载的故事,当时韩愈已经非常疲惫了,送完客人回来就想赶紧上床睡觉,然而看完门人送上来的这首诗,一句"黑云压城城欲摧,甲光向日金鳞开"让韩愈立马神清气爽、倍儿精神,即刻邀见了李贺这个年轻人。

韩愈最喜欢的就是像李贺这样的"小镇做题家",还有像孟郊、贾岛这类出身贫寒的"苦吟派"诗人。尤其李贺在"苦吟派"诗人中还有风格奇诡的个人特色,韩愈坚信这位年轻人一旦走出自己的书舍,立马会像出鞘的名剑一样光芒四射、轰动朝野。

韩愈想错了,努力又有才华的"小镇做题家"不一定能有光明的未来。李贺简直是唐朝最倒霉的考生,本来拜访了韩愈后,当年他就能早登科第,振其家声。但是当时他人还没满二十岁,老爹就去世了,他服丧三年,一直到公元810年,二十一岁的李贺一路过关斩将,才终于可以去长安参加进士科考试。可惜才子遭人妒,有人上书主考官,说李贺的父亲叫"晋肃",谐音"进士",所以李贺不能参加进士考试。

别人都"坑爹",李贺却被爹坑了。韩愈坚持为李贺说话:"父名晋肃,子

夏山欲雨圖
仿高房山筆
佳山世鑒

清·世鑒《夏山欲雨圖軸》

不得举进士。若父名仁，子不得为人乎？"可惜韩愈为他打抱不平的小作文并没有用。李贺作为一个"小镇做题家"，只能靠读书改变命运，可就因为老爹的名字冲了"进士"二字，便一生失去了参加科举的资格。

这件事气得从前"为赋新词强说愁"的李贺终于真切感受到了愁的滋味。他用诗句装满了自己的愤慨独白：

赠陈商

长安有男儿，二十心已朽。
楞伽堆案前，楚辞系肘后。
人生有穷拙，日暮聊饮酒。
只今道已塞，何必须白首。
凄凄陈述圣，披褐鉏俎豆。
学为尧舜文，时人责衰偶。
柴门车辙冻，日下榆影瘦。
黄昏访我来，苦节青阳皱。
太华五千仞，劈地抽森秀。
旁古无寸寻，一上戛牛斗。
公卿纵不怜，宁能锁吾口。
李生师太华，大坐看白昼。
逢霜作朴樕，得气为春柳。
礼节乃相去，憔悴如刍狗。
风雪直斋坛，墨组贯铜绶。
臣妾气态间，唯欲承箕帚。
天眼何时开，古剑庸一吼。

一个寒窗苦读近二十年，只为靠读书改变命运的好好学生，突然失去了科考这条路，怎能不痛苦呢？

祸福相依，人生的悲剧也恰好是文艺创作的温床。公元811年，李贺的伯乐韩愈想办法给他安排了一个奉礼郎的职务。这个官职非常鸡肋，要么管理宗庙，要么在祭祀朝会时，引导君主和臣子的跪拜之礼。看起来非常体面，虽然可能收入低了点，但是工作非常清闲。

而这种神仙工作遭到了李贺的无尽嫌弃。李贺不想和一堆老头坐在一起做"咸鱼"，文学的道路走不通，他就开始倾向投笔从戎的道路。每天他都在感慨"男儿何不带吴钩，收取关山五十州"。想到后面，他觉得书生没什么了不起嘛，又感慨"请君暂上凌烟阁，若个书生万户侯"。整个大唐有几个以文章封侯的先例？

但是体弱多病的李贺哪能上战场？这个奉礼郎的岗位他干了三年。这三年他目睹了社会的种种现状，写了很多讽刺现实的诗篇。在这里他也结识了不少知己，有的平步青云，有的黯然回乡，但不论怎样，都好过自己从没有在舞台上闪耀的机会。在该奋斗的青春时期他失去了奋斗的机会，惆怅的他写下了一篇《李凭箜篌引》：

> 吴丝蜀桐张高秋，空山凝云颓不流。
> 江娥啼竹素女愁，李凭中国弹箜篌。
> 昆山玉碎凤凰叫，芙蓉泣露香兰笑。
> 十二门前融冷光，二十三丝动紫皇。
> 女娲炼石补天处，石破天惊逗秋雨。
> 梦入神山教神妪，老鱼跳波瘦蛟舞。
> 吴质不眠倚桂树，露脚斜飞湿寒兔。

全篇没写一个"哀"字，却句句透露着悲凉。

公元814年，他称病辞去这个一眼看到底的养老工作，归还故里。他写下这样的临别感言：

金铜仙人辞汉歌

茂陵刘郎秋风客，夜闻马嘶晓无迹。

画栏桂树悬秋香，三十六宫土花碧。

魏官牵车指千里，东关酸风射眸子。

空将汉月出宫门，忆君清泪如铅水。

衰兰送客咸阳道，天若有情天亦老。

携盘独出月荒凉，渭城已远波声小。

像李贺这样的小镇青年，如果在大城市无法打拼出未来，回到小镇里注定一直贫困，为了养活一大家子人，他需要坚持种田。在《送韦仁实兄弟入关》中他曾这样感慨：

我在山上舍，一亩蒿硗田。

夜雨叫租吏，春声暗交关。

谁解念劳劳，苍突唯南山。

清·董诰《清音荟景册之新畬耕馌》

不管李贺如何强调自己是王室后代，他一生都没摆脱过生活的困窘。

除了生活困窘，李贺还体弱多病。他本身就细瘦，体质不好，成年以后郁郁不得志，每天没完没了地写诗，最终熬成了多愁多病身。他甚至直接写信给弟弟自嘲说："病骨犹能在，人间底事无。"这是多么令人心酸的感慨：我都病成这样了还活着呢，这世间还有什么不能发生的呢？

中国人一向忌讳谈死亡，然而这个体弱多病的李贺恰恰相反，他不仅不忌讳，还主动在死亡这件事上遣词造句。他所有"鬼诗"里最著名的一篇，就是在苏小小墓前写下的：

苏小小墓

幽兰露，如啼眼。

无物结同心，烟花不堪剪。

草如茵，松如盖。

风为裳，水为珮。

油壁车，夕相待。

冷翠烛，劳光彩。

西陵下，风吹雨。

本来苏小小只是一个虚无缥缈的形象，读过这首诗以后，幽兰、烟花、青草、微风、溪水，处处都能看到她的影子，越读越觉得鬼魅而清丽。

一年后他又去了潞州，也就是现在的山西长治市，在张彻的举荐下，给郗士美做了三年的幕僚。一个进士潜力股的工作就是在基层单位写写公文，确实有点杀鸡用牛刀的感觉了。不过还好，来到这样的边塞地区，虽然他没法驰骋疆场，但他的心境开阔了很多。

大漠沙如雪，燕山月似钩。

何当金络脑，快走踏清秋。

这首《马诗二十三首（其五）》就是在这里写下的。

可惜不久以后，因为藩镇割据，郗士美战败。公元816年，李贺失去了工作，只能拖着病躯回到昌谷。没过多久，二十七岁的他彻底病倒去世。

"小镇做题家"的出身外加运气不佳，让李贺一生郁郁不得志，最终英年早逝。他真是完美地诠释了什么是"万般皆是命，半点不由人"。李商隐在他写的《李长吉小传》里给他安排了一个美好的结局。他说李贺在死之前看到一个官吏手里拿着书、脚下骑着龙过来了，李贺知道这仙人是收自己的命来了，苦苦哀求仙人说，自己家中还有一个生病的老母亲，不想这么早逝世。仙人笑着说"没事的，是玉皇大帝召你做官去，是个好差事呢"，于是李贺气绝身亡。

可惜，现实世界中，李贺生平过得很苦，而苦难似乎也并未磨灭他的才气和锐气，依然写下了照耀千古的文字。他有一颗被苦苦压抑的灵魂，还有一腔化为碧色的热血，人间于他不值得。希望李贺真的如李商隐所说，成了天选之子，成为一个能够在天上宫阙施展自己抱负的诗人。

李贺
的简历

● 籍贯
河南洛阳

● 生卒年
公元 790—816 年

● 荣誉称号
"诗鬼""鬼才",与李白、李商隐并称为"唐代三李"

● 职场经历
奉礼郎:干了三年,事少钱也少,不符合职业发展方向,裸辞;
昭义军节度使幕僚:又干了三年,上级老大因发展不利而辞职,自己升迁无望,也只能辞职。

● 成就事件
开创"长吉体"诗歌,创作的诗文被称为"鬼仙之辞"。

● 自我评价
因为谐音梗而被禁止参加科举考试,有我这么冤的人吗?

● 主要作品
《雁门太守行》《马诗》《李凭箜篌引》《苏小小墓》等。

杜牧

风流只是他的保护色，
他也曾是热血的青年

他是一个"超级颜控"，是一个擅长投胎的文学家，还是一个超级军事迷；他用自己的人生经历证明，风流才子的人设往往捆绑着另一个标签——壮志未酬。

公元803年，杜牧出生在当时的首都长安。杜牧家的房子在长安安仁坊，是长安城最中心的位置，除此之外，在长安城南三十多里的樊乡，他们家还有套别墅。杜牧的祖父是唐代宰相杜佑——唐代著名的史学家。总而言之，杜牧的家世非常显赫。

杜牧本人表面非常谦虚，说自己家没什么钱，背后却偷偷写诗《冬至日寄小侄阿宜诗》炫耀家世：

旧第开朱门，长安城中央。
第中无一物，万卷书满堂。
家集二百编，上下驰皇王。

就是说我们家没别的，也就是房子在京城中央，房子里也没啥，也就万卷书，另外还有自己家编撰的二百编书。

好家伙，书在古代是贵族垄断资源，他这书香门第可不是白说的。杜牧除了诗文创作好，他的军事才能也非常突出，这种天赋大概遗传自他的祖先杜预——晋代的名将。

公元818年，杜牧十六岁，他看到当朝皇帝唐宪宗年年打仗年年输，好些败仗还输得莫名其妙，于是小杜牧暂时抛开了文科，一头扎进了军事理论的研究中去。

他在军事方面的研究也非常有成果，在李德裕平定刘稹叛乱的时候，他提议兵种分配应该是"精甲兵五千，弓弩手两千"，助朝廷军队大胜。杜牧还写了很多军事上的论文，包括为《孙子兵法》做了十三篇注。可惜生不逢时，在中唐混乱的斗争中，他的文章因为"牛李之争"等种种政治原因不得用。一直到一百多年以后，北宋司马光因为对杜牧的文章爱不释手，才把他很多军事方面的论断收进了自己编撰的《资治通鉴》里。

公元825年，二十三岁的杜牧写出了《阿房宫赋》："灭六国者，六国也，非秦也；族秦者，秦也，非天下也。"

借秦之事暗讽唐敬宗，好在唐朝到了中后期，即使统治者的能力一代不如一代，但是大唐的气度还在，不会对谏言者举刀。这篇《阿房宫赋》还引起了当时太学博士吴武陵的注意，老爷子看完这篇文章那叫一个激动，骑着一头瘦驴就去找进士考试的考官去了，想给杜牧安排个状元。考官推辞说："不行不行，一二三四名都已经内定了。"吴武陵马上说："行，安排第五名也行。"考官虽然犹豫，也当即一咬牙表示可以，"就算是屠夫或者卖酒的，我都会帮你把他安排成第五名。"

当时为了杜牧去找考官说情的人多达二十人以上，其中多少人是因为杜牧的才华说情，多少人是因为杜牧背后的家世说情，就不得而知了。

公元828年，二十六岁的杜牧进士及第。喜悦之余写下这首《及第后寄长安故人》：

东都放榜未花开，三十三人走马回。

秦地少年多酿酒，已将春色入关来。

　　这大概是他人生中最高光的时刻了，后来的他制策登科，官任弘文馆校书郎、试左武卫兵曹参军。

　　同年十月，杜牧被外放到洪州，即现在的江西南昌，也就是王勃写《滕王阁序》的地方，他在这里开始了自己的幕僚生涯。提起杜牧，他的风流韵事是跳不过去的。在这里他邂逅了沈传师府里美貌的歌伎张好好，顿时惊为天人。然而漂亮的姑娘会被所有人看到，还没等杜牧有所作为呢，张好好就被沈传师的弟弟纳为了妾室。

　　杜牧人生成就的第一个里程碑，就是之前我们说到的，用自己的军事才华帮助李德裕平定了刘稹战乱。可惜在后来很长一段时间里，李德裕没有继续给杜牧发光发热的机会。出名要趁早，年轻人总是想早早地投入国家建设之中，发挥自己的才干。此时牛僧孺向杜牧抛去了橄榄枝，公元833年，杜牧接受了牛僧孺的邀请来到了扬州。天真的杜牧一心只想着报效国家，却没想到自己陷入了"牛李党争"，被李德裕用过的人，牛僧孺不敢赋予他实权，甚至还派人监视杜牧的生活。在这样的情况下，杜牧只能流连在扬州的温柔乡里。

　　"天下三分明月夜，二分无赖是扬州。"唐代很多地方都有宵禁，还好扬州有着让他消解愁闷的丰富夜生活。

遣怀

落魄江湖载酒行，楚腰纤细掌中轻。

十年一觉扬州梦，赢得青楼薄幸名。

　　一直以来杜牧的行为都被贴上"细行不谨"的标签，也就是说他行为放荡，在扬州也不例外。在杜牧离开扬州做监察御史之前，他的上司牛僧孺特意提醒

明·仇英《宴乐图卷》

他，要注意自己的个人行为。杜牧死鸭子嘴硬，说他注意得很。牛僧孺直接拿出来一大箱子的密报，里面都是杜牧在扬州的言行，记录了一大堆杜牧在扬州潇洒的日常。

两年之后，公元835年，杜牧三十三岁。他此时任职监察御史，八月在东都洛阳上任。因为远离都城，他躲过了"甘露之变"。在这里他又遇到了张好好，可是张好好已从一个豪门贵妾变成了卖酒之女。杜牧还想问点什么，没等他开口，机智的张好好便知道他想说什么，马上开口给他堵了回去。

怪我苦何事，少年垂白须。
朋友今在否，落魄更能无。

小牧啊，你怎么年纪轻轻胡子就白了，你以前的朋友还在联系吗？杜牧想问她的话还没说出口，却立马想到了自己的伤心事，觉得自己怀才不遇，一身才能和抱负得不到施展。伤心的杜牧挥笔写就了一篇《张好好诗》，这首诗不仅体现了他在文学上的造诣，也是杜牧目前唯一存世的书法真迹，成了后世的临摹贴。

杜牧早已把牛僧孺让他注意个人行为的叮嘱抛在了脑后。《太平广记》就记录了这样一个故事。洛阳有一户叫李司徒的富豪，家里豢养了一批阵容豪华的歌伎。这个老哥喜欢摆宴席到处炫耀自家的演员阵容。因为杜牧是当地的监察御史，李司徒一直没敢邀请，却没想到杜牧自己找上门来，说愿意参加他的筵席。来了以后杜牧只见"女奴百余人，皆绝艺殊色"，他坐着喝了三大杯酒后直接开口说"闻有紫云者，孰是"，开口就向人家讨要美女。在座的人都惊得目瞪口呆，不过李富豪还是大方地把紫云送给了他。

杜牧本身是个帅哥，"好歌舞，风情颇张，不能自遏"，意思是他人长得美，而且还非常爱美女。他真的是超级颜控，对于美女他大肆夸奖，对于丑女他也直接嘲笑，他的一首《嘲妓》，就是在吐槽别人又丑又黑又胖还有一双巨脚。这一点确实让人觉得不够君子。

公元842年，牛党势力一倒，杜牧被外放为黄州刺史。当时的黄州也就是现在的武汉市新洲区，那里战火纷飞、民不聊生，可以说是个地地道道的荒郡，去那里任职明显就是被贬了。杜牧因为做了啥被贬的呢？其实杜牧啥都没有做，他在"牛李党争"中，倾向李德裕的政治理念和治国手法，但是他个人感情上更喜欢牛僧孺，他本人和牛僧孺的关系更好。这样的态度让牛李双方都信不过他，无所作为是他唯一的结局。

尽管被贬黄州，但是杜牧依然谨守本分，将黄州治理得井井有条。在这里，他"兴学教士，立庙崇祀先圣，一时家循孔教，人颂儒书"。在"三年清知府，十万雪花银"的过去，杜牧在黄州的住所却"使君家似野人居"。他为官非常清廉，《唐书》夸他"刚直有奇节"。

在黄州刺史任上，杜牧还留下一首名诗《赤壁》：

折戟沉沙铁未销，自将磨洗认前朝。
东风不与周郎便，铜雀春深锁二乔。

他借赤壁之战抒发了对国家兴亡的感慨，也许还有些许对"时无英雄，使竖子（周瑜）成名"的不甘吧。

公元844年，杜牧又被派到安徽池州做刺史。在这里，他依然爱四处走走。有一年清明节，他准备去杏花村喝酒，路上一时迷路，于是向一位牧童询问，兴致来了，提笔写下了每年清明节中国人都要吟诵的一首诗《清明》：

清明时节雨纷纷，路上行人欲断魂。
借问酒家何处有，牧童遥指杏花村。

元·朱叔重《春塘柳色轴》

公元 850 年，或许对朝廷彻底失望，他发现不论谁当权，自己都不能施展抱负，于是以自己生病的弟弟为理由，连上三启，请求将自己外放为湖州刺史，朝廷最终同意了他的请求。

公元 851 年，他刚到湖州一年，弟弟就去世了。这一年杜牧也病重了，回光返照之际，他安静地写下自己的最后一篇文章，也就是为自己写的墓志铭："年五十，斯寿矣。某月某日，终于安仁里……"他像写流水账一样平静。杜牧还很冷静地嘱咐自己的身后事，他准备把自己的文章全部烧了，在外甥的苦苦哀求下，才留下了两三成。

第二年，也就是公元 852 年。杜牧去世后，他的外甥将杜牧的四百五十篇诗文编为二十卷的《樊川文集》。

乐观主义者总爱说是金子在哪儿都会发光，可杜牧生不逢时，倘若杜牧生在盛唐，或许是另一种结局，但有时候，我们以为的结局也许也是另一种开始。随着他的作品结集出版，他的才华在此后的千年时光里，被人们反复赞叹并推崇。他也成为我们回望璀璨大唐时，必然会翻读的一页。说到底，他是金子，才会在历史的长河里，历经大浪淘沙后，依然光芒万丈，哪怕在群星闪耀的大唐，依然光彩夺目。

杜牧的简历

- **籍贯**

  陕西西安

- **生卒年**

  公元 803—852 年

- **荣誉称号**

  "小杜",与李商隐并称"小李杜"

- **职场经历**

  弘文馆校书郎:第一份工作很平淡,没什么亮点好说的;

  淮南节度使府掌书记:工作一般,但是工作地点在扬州,天天逛夜市、开派对,但是总有人匿名举报我;

  黄州刺史:把黄州治理得井井有条,由于业绩突出,被官方史书"点赞";

  湖州刺史:离开是非中心,专心游山玩水,被边缘化也不算是倒霉透顶。

- **成就事件**

  与李商隐创造了晚唐诗歌发展高峰,合称"小李杜";

  诗、赋、古文、注疏都有名作传世,也算是全面发展的复合型人才。

- **自我评价**

  是不是每年清明节都要背我写的诗?

- **主要作品**

  《阿房宫赋》《清明》《赤壁》《泊秦淮》《江南春》等。

温庭筠

花间派鼻祖，天才"枪手"，虽然丑，却是"妇女之友"

他是唐朝科考场中的"枪手"，也是古代版"我很丑，可是我很温柔"的典型，更是当时流行乐坛的顶级词作家，写尽世间离愁别绪，却看不透自己的悲凉与迷茫。

公元812年，温庭筠出生于山西太原，是唐朝宰相温彦博的后代。温氏一脉在隋末唐初年间家世显赫，但是温庭筠出生在晚唐，这时的家族早已没落。一个没落的贵族家庭与普通家庭无异，加上温庭筠八岁丧父，和兄弟姐妹一起跟随母亲生活，缺少依仗，日子更是难熬。

小小的温庭筠一直为温氏家族当年的荣光而自豪，他想要光耀门楣，实现家族复兴。除此之外，他更想要济国安邦，"修身齐家治国平天下"。他对自己的才华和能力也非常有信心，他觉得自己"经济怀良画，行藏识远图"，意思就是说自己身怀经邦济世之才，行动也能深谋远虑。

的确，没经历过社会"毒打"的学生都是这样自信地仰望大空的。可大唐已然是日薄西山的光景，此时的局势是"宫闱将变，社稷将危，天下将倾，海内将乱"。

温庭筠只不过是这个大背景下，众多才子们命运悲凉的时代缩影。想要实现经世治国的抱负，他必须参加科考。自恃有才的温庭筠从公元839年，也就是二十七岁开始，参加了每一届的科考，可惜次次落榜。当时的朝廷选拔官员有这么几个标准："凡择人之法有四：一曰身，体貌丰伟；二曰言，言辞辩正；三曰书，楷法遒美；四曰判，文理优长。"第一条长得好看、身材好，温庭筠就不满足，他的长相一言难尽，人送绰号"温钟馗"，调侃他这长相能拿来辟邪，画像往墙上一贴，鬼来了都得吓跑。

自知反正也考不上了，"耿直的"温庭筠干脆做起了大唐科考场上的"枪手"。唐代的科举以诗赋取士，赋这种文体非常难写，它既要辞采华茂，又要用韵规范，还要结构周正，最初的考试对全篇用韵数量还没有限制，到了温庭筠这个年代，形制固定下来，一篇赋里要用到八个韵部。搁别人笔杆子咬烂了都写不完整，而温庭筠两手对袖一叉，放下来就能写好一个韵部，然后接着叉手，八叉手，八韵成，因此人送外号"温八叉"。每次他都是得意扬扬地写完卷子，第一个交完就走，搞得后面薅秃了头发也没写出几个字的考生心态崩裂。

温庭筠因为长相不过关而无法金榜题名，他就收钱帮人家金榜得名。温庭筠的作弊手法太好，乃至考官们都抓不住他的小辫子，也无法取消他的资格。最后，考官们给他准备了一个单间，四面挂着竹帘，派一个监考老师专门守着他。据说即便是这样，温庭筠还是通过特殊的暗号，帮助周边的八个同学作了弊。

温庭筠不仅做"枪手"，还总是忍不住吐槽："绝飞驰之路，塞饮啄之涂。射血有冤，叫天无路。"他觉得自己是因为品质高洁而被打压折辱，这才导致自己报国无门。但是事实上他并不是没有过机会。

那时候的温庭筠虽然没有混进朝廷里，但是他已经混成了流行乐坛首屈一指的词作家。他写的词唱遍秦楼楚馆，唱遍大江南北，还悄悄唱进了宫里，皇帝、后妃都是他的粉丝。

当时京城有个公子哥儿叫令狐滈，他和温庭筠关系很好，俩人经常混在一起喝酒、唱歌、逛青楼。凭着这层关系，温庭筠经常到令狐滈家里吃饭，而令狐滈的爹就是大名鼎鼎的宰相令狐绹。

令狐绹在朝廷里一手遮天，坏事做尽。温庭筠性格耿直，即使是在令狐家里，也依然屡次写出类似"中书堂内坐将军"之类的诗，讽刺令狐绹没文化还能做上宰相。怎么说也是"宰相肚里能撑船"的人物，令狐绹暂时还不会被这样的诗句激出明面上的怒火。

令狐绹知道唐宣宗喜欢听《菩萨蛮》，于是私底下找来温庭筠，请他代写《菩萨蛮》二十首，而且千叮咛万嘱咐，要守口如瓶不能向他人透露此事。说不好温庭筠是不是故意的，是不是看不惯令狐绹的拍马屁行为，总之，他手里拿着宰相给的高额润笔费，去青楼逛了逛，几杯酒下肚人就飘了。没过多久，全京城的人都知道了温庭筠替令狐绹给皇帝写了二十首《菩萨蛮》，于是令狐绹彻底疏远了温庭筠。

公元856年，唐宣宗看了这二十首《菩萨蛮》，本来打算提拔温庭筠做艺术团的正规军，但令狐绹从中作梗，让温庭筠不仅没被提拔，还被外放去随县做县尉。

随县是现在的湖北随州，温庭筠在湖北讨了媳妇儿，还换了好几份工作，每份工作都没做多久。外面的世界让人无法接受，人总是会想去哪里躲一躲，去寻个清净。鲁迅先生也曾吐槽过"躲进小楼成一统，管他冬夏与春秋"，鲁迅先生躲进了自己的书斋里，而温庭筠躲进了青楼里。

虽然温庭筠长得很丑，但不影响他会欣赏女性的美！

菩萨蛮·小山重叠金明灭

小山重叠金明灭，鬓云欲度香腮雪。懒起画蛾眉，弄妆梳洗迟。照花前后镜，花面交相映。新帖绣罗襦，双双金鹧鸪。

这阕《菩萨蛮》前两句写出了女子在清晨醒来之际，残妆犹存的娇艳之感；后两句描写女子对镜描眉，一副慵懒妩媚的模样。

虽然温庭筠长得丑，但不影响他懂女人的心思！整日混迹风月场所，整日与歌伎交往的他简直是"妇女之友"。

更漏子·玉炉香

玉炉香，红蜡泪，偏照画堂秋思。眉翠薄，鬓云残，夜长衾枕寒。

梧桐树，三更雨，不道离情正苦。一叶叶，一声声，空阶滴到明。

有香炉、香蜡和画堂，说明是大户人家，翠黛描眉，鬓发如云，可知是深闺美妇。夜长衾枕寒，说明是人失眠了。三更天，外面下起了秋雨。这位美妇人整夜失眠，听着梧桐叶落和秋雨滴答的声音直到天明，可等的人依旧没有回来。

你看他多能揣摩女子的心绪，这让他的词不但艳丽，而且含蓄。他的词直接促进了婉约派的诞生。而他对鱼玄机若即若离的感情，以"师"和"友"冠名，唯独不说爱情，如他的词一样艳丽而含蓄，而这样却将鱼玄机的心困了一生。爱而不得，所托非人，困居道观，沦为风流道姑，误杀婢女，获罪被斩，这段不曾开始的师生恋，最终以鱼玄机悲惨结局收场，也让温庭筠被世人指摘为"渣男"。

流连在女人堆的温大才子，写诗也同样或绮丽浓艳，或清丽俊秀，有着女儿般的多愁善感，也有着不得志的沉郁嗟叹，尤其是写闺情的诗歌，总是让人感同身受，忍不住垂泪。比如这首《南歌子》：

元·佚名《梅花仕女图》（局部）

南歌子（其二）

井底点灯深烛伊，共郎长行莫围棋。

玲珑骰子安红豆，入骨相思知不知。

温大才子拿自己"八叉"写赋的能力改写民间的《竹枝词》，那就如高射炮打蚊子，杀鸡却用牛刀。

按理来说唐朝年间的词应该是雅正端庄的，用以正人心的，然而一场"安史之乱"摧毁了人们心中的信念，摧毁了这样的礼乐制度。民间音乐逐渐取代宫廷词乐，以温庭筠为首的写的"离经叛道"的小词逐渐走上正统的舞台。于是，温庭筠开创了花间词派。

无论如何，唐朝年间诗才是正统，温庭筠也知道自己为歌伎作词是无奈之举，不过是因为无法面对残酷的现实，而躲进秦楼楚馆的温柔乡里，写一些上不了正统台面的小词罢了。于是，他自嘲作词人。

蔡中郎坟

古坟零落野花春，闻说中郎有后身。

今日爱才非昔日，莫抛心力作词人。

诗，他也不是不写。公元860年，四十九岁的温庭筠被贬去襄阳做县尉，为了生计，四处奔波。起身的某一天早晨，他突然感到无比孤独，开始想家。

商山早行

晨起动征铎，客行悲故乡。

鸡声茅店月，人迹板桥霜。

槲叶落山路，枳花明驿墙。

因思杜陵梦，凫雁满回塘。

清・黄鼎《溪山行旅图》（局部）

早晨，鸡鸣声声，茅草屋沐浴着晓月的余晖，温庭筠踩着桥上的霜行走。那里早已留下了旅人的痕迹，他不是第一个，也不会是最后一个。这首《商山早行》是他最为经典的一首诗。

不得不说，温庭筠是捕捉人物内心动态的行家，往往短短几句，就能将人物的所思所想、情绪起伏呈现得贴切而精准。如这首《塞寒行》，就将征人的渴望建功立业又厌战的矛盾心理表现得淋漓尽致：

燕弓弦劲霜封瓦，朴簌寒雕睇平野。
一点黄尘起雁喧，白龙堆下千蹄马。
河源怒浊风如刀，剪断朔云天更高。
晚出榆关逐征北，惊沙飞迸冲貂袍。
心许凌烟名不灭，年年锦字伤离别。
彩毫一画竟何荣，空使青楼泪成血。

总而言之，温庭筠左手作诗，右手写词，于轻歌曼舞之间开启了后代宋词盛世的大门，成为宋词兴起的推手。

公元870年，温庭筠消失在大家的视野之中，世间再无他的消息，这一年他五十九岁。关于他的离世，史书上没有确切的记载，《令狐绹年谱》中提及他因触怒权贵，被贬出京城，外放为官，不久后离世。

纵观温庭筠的一生：聪慧过人，多有才名，踌躇满志，却因长相而遭遇职场歧视；放浪不羁，不拘小节，却因口无遮拦，始终挤不进官场的核心圈。不过，东边不亮西边亮，他用一首首让人肝肠寸断的"流行歌词"，成为花间派词人的代表、宋词的先驱者。有人说他"作"，有人说他"渣"，不过都是性格决定命运的结果。他看不清自己为何前路迷茫，一辈子为了仕途奔波却始终无果，犹如困兽之斗，只能自己舔舐伤口，用情情爱爱麻痹自己。他比所有人都明白什么是失意和愁苦，自然能写进我们的心里。

温庭筠的简历

- **籍贯**

  山西祁县

- **生卒年**

  公元812—？年

- **荣誉称号**

  与李商隐并称"温李",与韦庄并称"温韦","花间词派"鼻祖

- **职场经历**

  随县尉:被大老板外派到地方,工作一般般,但娶上了老婆;

  襄阳尉:又被公司调到外地去了,想家;

  国子助教:做个小助教,得罪老板,被开除了。

- **成就事件**

  以绮丽香软、华丽浓艳的风格独辟蹊径,成为国民级作词人,被后世推崇为"花间词派"鼻祖。

- **自我评价**

  我长得丑,但我写得美啊!

- **主要作品**

  《商山早行》《望江南·梳洗罢》《菩萨蛮·小山重叠金明灭》《瑶瑟怨》《新添声杨柳枝词二首》等。

李商隐

虚负凌云万丈才，
首首无题诗的背后，是无解的失意人生！

他是"祖传"的芝麻官，有人调侃说"帮他升职的人都会倒大霉"；
他是唐诗的集大成者，用晦涩朦胧的诗句创造了属于自己的艺术天地。

公元813年，李商隐出生在荥阳，也就是现在的河南郑州。李商隐出身于小官僚家庭，父亲、祖父、曾祖父、高祖父都做过县令、县尉一类的芝麻官。尽管他本人宣称自己是大唐皇族血亲，然而并不是每一个姓李的都是李唐宗室的后裔，所以当时没人搭理这个乱攀关系的小人物。

李商隐还不到十岁时，家中顶梁柱父亲去世，幼小的他跟着妈妈一起过着艰苦的生活。由于李商隐是长子，他还要和母亲一起承担养家的责任。十岁起他就要"佣书贩舂"，也就是替别人抄书挣钱贴补家用。后来的李商隐回忆起这段经历，忍不住流着泪感慨，当时真是"四海无可归之地，九族无可倚之亲"。

因为出身于一个小官僚家庭，所以"学而优则仕"的思想已经深深刻入了李商隐的脑子里。天资聪颖再加上刻苦学习，他"五岁诵经文，七岁弄笔砚"。那时候他遇到了一位善良的亲戚，这位精通五经和书法，却隐居在家的堂叔教他读经习文。

公元829年，李商隐十七岁，全家搬来了洛阳。李商隐前半生的生活算得上比较幸运，连连遇贵人。在这里他遇到了人生中最重要的贵人，也就是令狐一家。没想到世事无常，成也萧何，败也萧何，令狐一家成就了他，却也成了他仕途上最大的阻碍。

当年他写出《才论》和《圣论》，一举在洛阳得名，他的才华吸引了当时的天平军节度使令狐楚的注意。节度使相当于现在的司令，令狐楚能文能武，他的文章写得也非常好。据说唐德宗非常喜欢他的文章，每次阅览奏章，德宗一看就能知道哪篇是令狐楚写的。

这位大才子看到李商隐的文章拍案叫绝，得知李商隐经济窘迫、身世可怜，马上邀请他来自己府内居住，让他成为自己儿子令狐绹的陪读，每月还给他发钱。李商隐就这样从一个一穷二白的布衣，摇身一变成为贵族公子的随从好友，令狐楚这位高官老爷还亲自教他学习。现在的偶像剧都不敢这么编，但李商隐就遇到了这样的好事。

令狐楚对李商隐比对自己的儿子还好。他注重贤能，知道自己儿子的才华远比不上李商隐。"好风凭借力，送我上青云。"李商隐趁势学习，他晦幽缠绵的文字甚至吸引了著名大诗人白居易的注意。白居易对他不只是口头客套、"商业互吹"，据《唐才子传》记载，白居易甚至希望由李商隐来给他撰写墓志铭。

但那会儿的李商隐也仅限于闻名市野，从十七岁到二十六岁，李商隐参加了四次科考，一直没考中。唐朝虽然已经有了科举制，但是卷子上不会把名字糊掉，那个时代的榜上有名是个玄学，除了白居易等一些人没走后门，不少才子，包括王维、杜牧等人都是被举荐上去的。

这个时候令狐楚一家也自顾不暇，此时朝廷宦官专政，"牛李党争"刚刚冒头，令狐楚和牛僧孺的关系好，所以一直被认为是"牛党"。

公元835年，朝廷爆发"甘露之变"，朝廷里很多重臣包括两位宰相在内都被宦官诛杀，而被排斥在朝廷之外的牛、李两派侥幸躲过大劫。幸存的牛、李两党逐渐发展起自己的羽翼，于是令狐楚一家得以拥有更大的权势。

公元837年，二十五岁的李商隐五战科考，这一次他终于中了，但不是考中的，而是被令狐楚的儿子令狐绹举荐上去的。十几年寒窗苦读比不过人家两句话，想必李商隐高中的心情并不比没考上好多少。

他还没来得及为自己进士及第的事情高兴，就收到了恩师令狐楚病危的消息。令狐楚在生命的弥留之际还想为李商隐的仕途添火加柴，将一个重任交给了自己最心爱最信任的弟子，让李商隐帮他写遗表交给朝廷。虽然令狐楚用心良苦，但是却没达到预期的效果。

令狐楚一走，李商隐的好运就快用完了。他的儿子令狐绹并不像父亲一样对李商隐有那么多好感，甚至因为父亲长期偏爱一个名不见经传的白衣而感到不舒服。父亲过世了，进士科考他也帮李商隐举荐了，也算仁至义尽，两人可以分道扬镳了。于是，令狐绹送走了李商隐。

科考成功不代表能马上入仕，李商隐还要参加之后的制举考试才能做官。此时他也无法依赖令狐家族过活了。公元838年，李商隐收到泾原节度使王茂元的邀请，为了养家糊口，李商隐答应做他的幕僚。

他一个人伤心地从长安前往甘肃赴职，一路上他见到一派萧瑟肃杀的景象，百姓流离失所，于是年轻的诗人悲愤地写下《行次西郊作一百韵》，单看节选的这几句：

又闻理与乱，在人不在天。
我愿为此事，君前剖心肝。
叩头出鲜血，滂沱污紫宸。
九重黯已隔，涕泗空沾唇。
使典作尚书，厮养为将军。
慎勿道此言，此言未忍闻。

众人皆知李商隐的诗晦涩难明，凄婉动情，却不知他是后辈中模仿杜甫诗最得其形与神的。

这首气势宏大笔力雄健的政治长诗，概括了一代王朝兴亡的历史，揭露了唐王朝内部的腐败和社会的危机，是一篇难得的诗史杰作。

甘肃节度使王茂元也相当欣赏李商隐的才华，他甚至把自己的宝贝女儿嫁给了李商隐。李商隐以一穷二白的身份，娶到了一位千金大小姐。这位大小姐没有大小姐的脾气，性格那叫一个"温良恭俭让"，李商隐倍感幸福。然而"福兮祸之所伏"，命运馈赠的礼物早就在暗中标好了价码。

李商隐的岳父王茂元和李德裕关系好，被外人视作李党，而李商隐已经去世的恩师令狐楚，却是牛党中的骨干。所以李商隐结个婚蜜月还没度完，就收到了令狐绹的来信，令狐绹骂他"忘家恩，放利偷合"。过于单纯的文人不适合复杂的官场，李商隐看到的是世人的悲哀，令狐绹看到的却是自己的权益受到了侵害，自此令狐绹开启了对李商隐的打击报复。

公元838年，因为得罪了令狐绹，李商隐的制举考试没有通过，并且他还受到了京城士人的排挤，人人骂他是一个背信弃义的小人。公元839年，他终于通过授官考试，但是做的是秘书省校书郎这样的闲职，不久又做了京城郊区的一个县尉小官，然而这个职位受到上官掣肘，使得他无法施展抱负，工作仅一年就愤然辞职。

风水轮流转，他岳父所在的李党终于在朝廷活跃起来，可是李商隐的母亲此时去世了，他不得不丁忧三年。三年过后，李党失去了圣上的信任，李商隐的求仕之路再一次被搁浅。在这期间，李商隐的岳父出征时因病去世，李商隐的处境变得更加艰难。他整日为了生计奔波，但也有源源不断的思绪化作灵感，留下了流传千古的诗句。

昨夜星辰昨夜风，画楼西畔桂堂东。
身无彩凤双飞翼，心有灵犀一点通。
隔座送钩春酒暖，分曹射覆蜡灯红。
嗟余听鼓应官去，走马兰台类断蓬。

明·沈周《夜坐图》

　　这些诗句都写于那个时期。这些诗连标题都没有，大家也不知道他到底是写给谁的。大概李商隐被复杂的政治圈搞怕了，从此以后他的诗都成了意识流的内容。所有人都不知道他在说些什么，或许他只是暗暗抒发自己内心的情绪。

　　公元847年，和李德裕交好的征南将军郑亚向李商隐抛出了橄榄枝。郑亚当时被明升暗贬去了桂林。现在的桂林是"山水甲天下"，可是千年之前，在那里做官的人们都是苦不堪言的。或许是因为桂林远离当时的政治中心，在桂林的那段日子成了李商隐人生中最平静的时光。

晚晴

深居俯夹城，春去夏犹清。
天意怜幽草，人间重晚晴。
并添高阁迥，微注小窗明。
越鸟巢干后，归飞体更轻。

飞出牢笼的小鸟是非常开心的。可是在桂林不到一年，郑亚再次被贬，李商隐再度失业了。他的保护伞没了，只能跟着一起飘零。

公元848年，李商隐失魂落魄地回到了京城。为了谋得一官半职求份生计，他不得不矮下头来，屡次写信给已贵为宰相的令狐绹。《寄令狐郎中》《寄令狐学士》《梦令狐学士》……一封封信件发出却是石沉大海、毫无回音。最后他还是凭着自己考试再次谋求到一个小县尉的职务。

十年前他从县尉的岗位上愤然辞职，而今为了五斗米他不得不折腰。

贾生

宣室求贤访逐臣，贾生才调更无伦。
可怜夜半虚前席，不问苍生问鬼神。

这首感慨怀才不遇的诗就是在那段时间写下的。贾生是西汉时期的能人贾谊，著名的文学家和政治家，是一位百年难遇的大人物，可是他也同样遭遇了冷遇和被贬谪的命运。他好不容易被皇帝找回来，与其半夜促膝长谈，谈的竟然不是治国之道，而是虚无缥缈的鬼神之说。

公元851年，李商隐投靠的武宁节度使卢宏正病逝，他还没来得及为自己的前途做打算，就收到了妻子病危的消息，他甚至没赶上见妻子最后一面。

> 悼伤后赴东蜀辟至散关遇雪
>
> 剑外从军远，无家与寄衣。
>
> 散关三尺雪，回梦旧鸳机。

那位在夜里纺线织布为他缝制棉衣的妻子，已经不在人世了。

李商隐一生中遇到了很多贵人，可是贵人们都或贬黜或病逝。李商隐一生只是沿袭了祖上做芝麻官的命运。说"帮助他升官的人就会倒大霉"自然是一句戏言，因为在那个动荡的分离崩析的晚唐，绝大多数人都躲不掉摇摇欲坠的命运。

同年，李商隐去四川做了参军。在梓州幕府生活的四年里，他一直郁郁寡欢。他一生中最感激的两个人，一个是恩师令狐楚，一个是爱妻，可是他最大的喜，也同样是悲剧的缘起。或许这就是佛教中所说的业缘，这让他对佛教产生了很大的兴趣，并且整日与僧侣为伴。

> 北青萝
>
> 残阳西入崦，茅屋访孤僧。
>
> 落叶人何在，寒云路几层。
>
> 独敲初夜磬，闲倚一枝藤。
>
> 世界微尘里，吾宁爱与憎。

在某个深夜，他默默凝视眼前烛火，倾听雨打残荷的声音，想到了人生的悲与苦，写下了这首《夜雨寄北》：

> 君问归期未有期，巴山夜雨涨秋池。
>
> 何当共剪西窗烛，却话巴山夜雨时。

公元858年，或许是感觉到自己命不久矣，四十四岁的李商隐辞官回乡。那

明·文徵明《空山夜雨图》

时的他身心俱疲，但同时也有着些许轻松与释然。传说在每一个人将死之时，这一生所经历之事会如电光石火一样在脑海中重播一遍。卧病在榻的李商隐同样如此，他回忆起了生命中所有悲喜，最终将它们化作了他生命里最后一首诗：

锦瑟

锦瑟无端五十弦，一弦一柱思华年。
庄生晓梦迷蝴蝶，望帝春心托杜鹃。
沧海月明珠有泪，蓝田日暖玉生烟。
此情可待成追忆，只是当时已惘然。

这一生会不会只是一场梦？这是我的梦，还是别人梦见了我？到人生的尽头才发现，生命中的一切只不过是一场回忆，而当时体验的百般滋味却是那么真，让人那么醒不过神来。既然人生只是一场体验，生不带来，死也仅为一抔黄土，我们是不是更应该看淡生命中的苦难，细细品味和珍惜生活里的甜呢？

公元858年，李商隐因病去世。在他离世四十九年后，唐王朝灭亡。

虽然仕途坎坷，但是李商隐靠着晦涩朦胧的诗歌在百花齐放的唐朝诗坛杀出重围，创造了一片独属于自己的艺术天地，尤其是他的无题诗独步天下，让我们见证了晚唐时期唐诗的生命力。

李商隐的简历

- **籍贯**

  河南郑州

- **生卒年**

  公元813—858年

- **荣誉称号**

  晚唐第一诗人，朦胧诗鼻祖，与杜牧合称"小李杜"，与温庭筠合称"温李"

- **职场经历**

  天平军节度使令狐楚幕僚：领导赏识，工作轻松，陪领导的儿子读书学习；

  泾原节度使王茂元幕僚：在前领导的死对头手下谋差事，得罪了前领导的儿子；

  秘书省校书郎调职为弘农县尉：和上司合不来，索性以休长假的方式辞职；

  武宁军节度使卢弘正幕府掌书记：前老板死了，只能再找一位新的靠山；

  太学博士：上一任老板又死了，只能回京凑和度日；

  西川节度使的柳仲郢幕府判官：又一次去外地投靠新老板，四年职场生活还算顺遂，可惜因老板被贬受牵连；

  盐铁推官：职位低，钱多，但已看破职场，辞职归隐。

- **成就事件**

  开创了朦胧诗派；

  与杜牧一起创造了晚唐诗歌发展高峰，合称"小李杜"。

- **自我评价**

  为什么我的很多诗无题？因为我对这一生都感到无语！

- **主要作品**

  《锦瑟》《乐游原》《夜雨寄北》《无题》等。

黄巢

三首诗流传千古，
大唐的掘墓人却逃不过宋江的吐槽

他能文能武，有三首诗传诵千古，却因为长得丑被顶替了状元之位；他一生残暴，但一举消灭了垄断权力和资源长达六百年的士族门阀；他是大唐的掘墓人，却被宋江写诗嘲笑。

公元820年，黄巢出生于山东菏泽曹县的一户富商家中。老黄家在曹州可是远近闻名的盐商富家，干的是会掉脑袋但是可以赚大钱的贩卖私盐生意。小婴儿黄巢可以说是在全家的期待之下出生的，但老黄夫妻俩对喜获一个大胖小子还没来得及高兴，就发现自家这孩子长得差点儿意思。小黄巢可能也没想到，刚出生就要承受来自老爸老妈的嫌弃。但也没有办法，毕竟是自己的孩子，就算长得丑了点，该教养的还是要教养。好在黄巢的学习天赋非常高，可以说是小神童一样的存在。

一日，小黄巢的爷爷在家过生日，众人在庭院中饮酒作诗寻乐。喝到兴头上的老人爷十分高兴，此时院子里摆放着落落大方的菊花，老太爷想了半天也没有想出来一句诗文，五岁的小黄巢却在旁边一边摆弄着菊花一边说道："堪与百花

清·虚谷《还来旧菊花》

为总首，自然天赐赭黄衣。"哪知黄巢老爸一听，连忙捂住他的嘴怒骂道："你这小子胡说八道什么！"过去，那"赭黄衣"是只有皇帝才能穿的，这要是传出去可就麻烦了。

老太爷看这气氛突然变冷，于是打圆场让小黄巢再作一首诗，黄巢小脑袋一仰，这首《题菊花》就诞生了：

飒飒西风满院栽，蕊寒香冷蝶难来。
他年我若为青帝，报与桃花一处开。

众人听此纷纷称奇："这孩子小小年纪，竟然为菊花鸣不平，要重新安排它开放的时令，他的胸襟抱负可不小啊！"此后，黄巢的老爸、老妈估计看到了儿子不俗的能力，便决定开始重点培养，给儿子请来了重点学府退休的教书先生及教授武术的师傅，打算把他培养成一个优秀的人才，去参加科考。在父母的期望下，黄巢也被迫"卷"起来了。黄巢本以为凭借自己的天赋和努力，考试入仕都不在话下，但正所谓"有心种花花不开，无心插柳柳成荫"，黄巢前后经历了三次科举考试都以失败告终。特别是第三次科考，二十九岁的黄巢想着，前两次那些人可以在诗词歌赋上弄虚作假，导致自己落第，但总不能在武举考试中也作弊吧，于是他决定最后一次放手一搏。

正当他一路过关斩将，不负众望地即将成为第一名的时候，又出现了新的状况，主考官们认为黄巢的长相不够俊美，便将黄巢刷了下去。黄巢这下子心态都快被整崩了，纳闷不已：当兵竟然还要看脸？但黄巢毕竟是黄巢，不是单纯的文人能够相较的，他并没有因为仕途的不顺利而妄自菲薄，也没有像李白、杜甫那样失意后就来一场说走就走的逍遥游，而是考不中就怨朝廷。他在惆怅之余，豪气丛生，挥毫写下了那首影响唐朝乃至整个中国的神作——《不第后赋菊》：

待到秋来九月八，我花开后百花杀。
冲天香阵透长安，满城尽带黄金甲。

这首诗可以说是杀气腾腾，反骨外露。但平心而论，黄巢的愤怒也是可以理解的，辛辛苦苦十几年，寒窗苦读，脑细胞不知死了多少个，头发不知掉了多少根，到头来却是一无所获，搁谁心里都会有怨气。而且，黄巢认为自己这么优秀，这么努力，考不上肯定是因为科场有黑幕。但好在他还有家产可以继承，比别的落魄书生可幸运多了。

安稳的日子一过就是几年，直到公元874年，关东地区爆发了大面积旱灾，第二年，又爆发了大面积蝗灾。国家赈灾需要钱，于是，朝廷就把目光投向了以黄巢、王仙芝为代表的盐贩。在朝廷看来，这帮盐贩，既有钱又容易对付。朝廷的这一次压榨可是让黄家大出血了，搞得黄巢黄老板给员工的年终奖都发不起了。

俗话都说"兔子急了还咬人呢"。

公元874年底，同是盐贩子的王仙芝和尚君长就起义了，这可乐坏了黄老板，他马上关掉了自己祖传的生意，拉上了自己的外甥和一干好友亲戚，还召集了当地盐帮的几千号人，就去投奔了王仙芝。

黄巢的加入也让这个"草军"队伍迅速扩张到数万之众，但王仙芝并不是一个有长远计划的人，他在起义军一路高歌猛进打得唐军不断撤退时，却想要接受朝廷抛过来的橄榄枝——受封为将军，子嗣世代享有爵位。王仙芝很快就拿定主意，决定转身进入体制内。这消息很快就传到了黄巢耳朵里，把他彻底激怒了。之所以如此愤怒，并不是因为他有精神洁癖，而是因为李唐朝廷在许诺给王仙芝好处时，把他当成路人给忽略了。

黄巢很生气，后果很严重，他选择了单干，而王仙芝也因为没有安抚好手下，只能接着和李唐朝廷战斗。

公元878年，离开了黄二弟的王大哥，很快就被唐军反杀，黄巢也顺势接替了王仙芝的位置，并被义军推举为"黄王"，号称"冲天大将军"。一代"大魔王"就此崛起，从安徽打到福建，又从福建打到湖南，整整十二个省，大半个唐朝被黄巢搅得乱七八糟。其间李唐朝廷也曾多次向黄大哥抛来橄榄枝，但都被他一巴掌打了回去：爷都战斗到你家门口了，是不是有点晚了？

无奈唐僖宗这个怂货也只能抛妻弃子，完全不顾朝中大臣，连夜逃往四川。公元880年，黄巢顺利进入长安，并命人挑选了一个良辰吉日，正式登基称帝，改国号为"大齐"，实现了他当年心灰意冷的时候写下的那句"冲天香阵透长安，满城尽带黄金甲"。

百姓们本以为天下太平指日可待，殊不知黄巢却是一个彻头彻尾的恶魔，百姓只不过从一个火坑跳到了另一个火坑里。登上皇位的黄巢并没有先去安抚饱受苦难的民众和朝堂之上的大臣，而是罢免了三品以上所有的官员，并且还残忍地屠戮这些大家族，自此消灭了门阀士族，以报当年科举之仇。

经历了六年战争的黄巢，拥有权力后，开始有了贪图享乐的心思。他手下的起义军中还混有诸多盗匪，他们在长安不断作乱，频频强抢民女，黄巢却不加以管教，而是沉浸在自己的温柔乡中。

当黄巢正忙着感受权力巅峰的快感时，那边的唐僖宗可是一点儿都没闲着。在黄巢毫无人性的统治下，他的心腹将领朱温也倒戈唐军，在被安排去追杀唐僖宗时，却带着军队恶狠狠地返回，向长安扑来。而此时已失去民众支持的黄巢，也在河东节度使李克用和宣武节度使朱全忠两位大将的打击下，败下阵来，最终于公元884年战败自刎，时年六十五岁。但是也有传言说，黄巢起义失败后在洛阳做了和尚，如这首《自题像》所描述的那般：

记得当年草上飞，铁衣著尽著僧衣。

天津桥上无人识，独倚栏干看落晖。

黄巢传奇的一生是被那个时代推动的，而他也顺势将那个时代的毒瘤清理了一番。纵使历史洪流淹没时光，人们却总能将他记起来。黄巢的难能可贵之处正是他的反抗精神。历史学家王夫之说："亡汉者黄巾，而黄巾不能有汉；亡隋者群盗，而群盗不能有隋；亡唐者黄巢，而黄巢不能有唐。"黄巢本想一洗这世界的污秽，可是没想到，自己也沾染了污秽，他最终还是走上了封建专制王朝的老路，那么他离灭亡也就不远了。

黄巢 的简历

- **籍贯**
  山东菏泽

- **生卒年**
  公元820—884年

- **荣誉称号**
  黄王，冲天大将军

- **职场经历**
  公元874年，跟随王仙芝王老板创业；
  公元878年，王老板被杀后，自己做老板，继续创业；
  公元880年，创业成功！吞并李唐集团总部，成立大齐集团并担任首席执行官，什么都我说了算的感觉——真爽；
  公元884年，心腹背刺我，员工害怕我，李唐集团卷土重来，呜呼！集团破产，我命休矣！

- **成就事件**
  唐朝末年农民起义领袖，大齐开国皇帝。

- **自我评价**
  扶我起来，我还能创业，还能造反！

- **主要作品**
  《不第后赋菊》《题菊花》等。

罗隐

"十上不第"的科考"钉子户"，敢与时代叫板的"毒舌大师"

他是晚唐的小品文大师，才华横溢却成为科考"钉子户"；他是"大唐第一毒舌"，撑天撑地撑皇帝，连自己都不放过。

公元833年，罗隐生于杭州新城的一个官吏家庭，爹妈为他取名罗横。罗隐的祖父曾经做过县令，本来小罗可以做个"官三代"，但不幸的是，在罗隐很小的时候父母就去世了，他只能与年迈的奶奶相依为命。可想而知，在那个乱世，祖孙俩的生活必然过得非常辛苦。

但好在小罗隐比较争气，从小就清楚没有社会背景、没有家庭靠山的自己想要咸鱼翻身，唯一的途径就是读书、读书、多读书。再加上小罗隐这孩子从小就聪明，七岁时就可以写诗，十岁已经是乡里的小红人、众人最喜欢夸赞的对象。

这么一来，这个正处于爱慕虚荣阶段的少年，一天比一天飘了，自我感觉功名利禄、安邦定国唾手可得。但现实却给了他无情的一巴掌，让他明白，才华并不能代表一切。

公元859年，二十七岁的罗隐踏上进京之路。所有人，包括他自己都以为此

宋末元初·钱选《花草蜜蜂》

次赶考必中无疑,但是很不幸,他名落孙山了。不过,第一次考不中也算正常,毕竟也不是谁都有王维那样的运气——当李白还在拜访李邕的时候,王维就轻轻松松考了个状元。一次不中就考两次,两次不行再三次,就这样罗隐接连考了六次,成为科举考场的"钉子户"。有人说他因为性格耿直、恃才傲物,冲撞了大官,也有人说他相貌丑陋,为人所不喜,总之,他一再失利。

罗隐实在沮丧,他看到了田里辛勤劳作的农民,想起官场那些不劳而获的官员,心中不免怅然,于是提笔写下了一首千古名作《蜂》:

不论平地与山尖,无限风光尽被占。
采得百花成蜜后,为谁辛苦为谁甜。

接连失意于考场的罗隐,不想放弃仕途,他还想试试走捷径,就投诗给当朝的宰相郑畋,想让宰相赏识并推荐自己。他当时投给郑畋的诗就是《句》,诗中有这样一句话："张华谩出如丹语，不及刘侯一纸书。"

正是靠这句话，他收获了一位重量级的铁杆粉丝——郑畋的女儿。郑大宰相看女儿如此心悦于这个人，为了女儿的幸福，于是决定先替女儿考察一下，便邀请罗隐到府上来一趟，让郑大小姐躲在暗处，偷偷观察罗隐。

面对宰相的提问，罗隐凭借自己渊博的学识和独到的观点，赢得了宰相的高度认可和好评。本以为能写出如此曼妙诗文的人，定然是个玉树临风、眉目端正的男子，不承想，罗隐的颜值完全不在线，用现代话说，他就是个土味重还油腻的中年大叔。郑大小姐可是"外貌协会的会长"，对颜值是有要求的，罗隐的长相算是彻底击碎了她的爱慕之心，从此"粉转路"。

卡在入仕门槛的罗隐，备考之余，还喜欢写写文章，可写什么不好，他偏偏喜欢讽刺时政，自叹身世。这些文章结集之后，他取名为《谗书》。这样的书自然为唐朝统治阶层所不喜，最关键的是罗隐"嘴太欠"。他在序中提到："隐次《谗书》之明年，以所试不如人，有司用公道落去。"意思是说因为腐败导致自己落第，心中怀着一股怨愤不平之恨。考官一看，这人摆明是个刺儿头，即便中举后委以大任，这种撑天撑地、"多是天下人负我"的愤青肯定要经常给自个儿添堵。写完《谗书》的罗隐应该也知道自己仕途无望了，于是又写下了这首《自遣》：

得即高歌失即休，多愁多恨亦悠悠。
今朝有酒今朝醉，明日愁来明日愁。

诗中虽然表达了一种豁达的人生态度，但罗隐心里的火苗还没熄灭，后来他断断续续又考了几次，但都逃不过落榜的结局，人送外号"十上不第"。

一日，罗隐像往常一样，落榜后心中愁闷，本着"今朝有酒今朝醉"的心情，去了青楼。谁知在这儿遇见了多年不见的故人云英。这一次，罗隐早已不再是当年心高气傲的少年，而云英依旧穿梭于各色男人之中。没想到，故人相见，云英一开口就是："好久不见，没想到罗公子还未高中！"真是哪壶不开提哪壶啊，一句话，让罗隐有些尴尬。虽然心中不爽，但作为"毒舌小能手"，罗隐自然不能认输，一首名传天下的《赠妓云英》脱口而出：

钟陵醉别十余春，重见云英掌上身。
我未成名卿未嫁，可能俱是不如人？

我没有中举扬名天下，你云英还不是仍堕落于风尘，无良人可嫁，大家半斤八两，有什么好说的呢。没想到这一句诗，还流传下来成了"撑人名句"。

公元 887 年，五十五岁的罗隐再次走出考场，他终于释怀了：我决定要弃仕从文了。一朝醒悟的他，更名为罗隐，利索地转身离开京城，自此纵情山水，游历江湖，当了一名浪迹天涯无所归的浪子。但人活着总归还是要混口饭吃的，于是罗隐回到杭州后便加入了刺史钱镠的幕府。钱镠就是罗隐的伯乐，他欣赏罗隐的才华，知道他性格正直，有什么说什么。最后，罗隐成了钱镠最好的助手。

从此，罗隐的生活过得相当顺遂，虽然狂妄的小尾巴偶尔还会翘一翘，但有钱镠的大度照应，罗隐也算有了个好的结局。比如有一次罗隐得知钱镠因为喜欢

明·仇英《游骑图》（局部）

吃鱼，就要求渔民们每年上交不少鱼，罗隐便借着给钱镠的《磻溪垂钓图》题诗的机会，作诗道：

题磻溪垂钓图

吕望当年展庙谟，直钩钓国更何如。

若教生在西湖上，也是须供使宅鱼。

意思是如果姜太公在西湖垂钓，也得每天给你送鱼。这样直言讽刺，真是不怕死啊！但好在钱镠也是听劝的人，立马取消了这项制度。在罗隐的辅佐下，钱镠管理的吴越之地，也成了晚唐时期少有的太平繁华之地。

公元907年，朱温篡唐建梁，听闻罗隐的贤名，就想把人挖过来。虽然说罗隐深受晚唐腐朽科举制度的残害，但他可是一个十分正直的人，断不可能和朱温这种人同流合污。于是对朱温抛来的橄榄枝，他选择无视，并劝钱镠"起兵伐梁"。

公元910年，罗隐去世，只留下了一生的传奇，终年七十八岁。

纵观罗隐的一生，贴满了"愤懑""孤傲""怀才不遇"的标签。他有酸楚，也有锋芒，他就像雨果笔下《巴黎圣母院》里相貌丑陋的敲钟人卡西莫多一样，先天的丑陋并不能影响他内心的光明。他从未改变对国家的热忱，也从未改变对乌合之众的厌恶，又或许，罗隐这一生的遭遇并不是因为他面相丑陋，而是因为晚唐的丑陋已经容不下罗隐的良心。

不过"人生不幸诗家幸"，罗隐为后人留下了大量的佳作，毛主席对他的九十一首诗都画圈批注过，鲁迅先生对其诗评价甚高。所以说，人活一世，固然想追求"不以物喜，不以己悲"的崇高境界，但如果达不到，换作"得即高歌失即休"也未尝不可。

罗隐的简历

- **籍贯**

  浙江杭州

- **生卒年**

  公元833—910年

- **荣誉称号**

  与罗虬、罗邺并称"三罗",和温庭筠、李商隐合称"三才子"

- **职场经历**

  衡阳县主簿:参加了很多次面试都没过,好不容易有了这个工作,虽然薪水微薄,但有工作就不错了;

  钱塘令升职为镇海节度判官:投靠的老板很赏识我,升职加薪都想着我,待遇好,自我肯定感也倍儿高;后来有人出高薪挖我,不去;

  盐铁发运使:运盐,运铁,小日子安安稳稳。

- **成就事件**

  写出唐朝的第一部讽刺小品文集《谗书》,听说后世有人称我为"唐朝鲁迅",惺惺相惜,惺惺相惜!

- **自我评价**

  人不欺我,我不欺人,人若欺我,我写诗加倍骂回去。

- **主要作品**

  《蜂》《自遣》《赠妓云英》等。

韦庄

从落榜生到前蜀宰相，
他为唐诗画了个漂亮的句号

他是大唐最后一位传奇诗人，是唐诗的收官人，宋词的开门人；他是年近花甲的老进士，是奠定了前蜀国开国制度的宰相。

大约在公元 836 年，韦庄出生，他是京兆杜陵（今陕西西安）人。韦氏曾是关中的世家大族，但到了韦庄这里，家族早已没落。他可远不如四世祖韦应物那么幸运，韦应物好歹能赶上祖上庇佑的末班车，做了皇帝身边的侍卫。

韦庄的人生，开局就是乱世。

庙堂之上，是唐文宗李昂在位。李昂因为自己的祖父、哥哥都死于宦官之手，所以他本人对宦官是深恶痛绝，一心要搞死身边的宦官集团。

幸运的是，唐文宗找到了治理宦官的小伙伴——李训和郑注。要说这两个小伙伴可是雷厉风行，干掉了不少宦官。但宦官也是有脑子的，直接绑了唐文宗一起去院子里看露水，李训等人就此领了盒饭。这次看露水事件，史称"甘露之变"。从此，宦官掌握了军政大权，成为真正的"大 Boss（领导者）"。

"甘露之变"后，继任的皇帝们直接摆烂，每天醉生梦死的。上梁不正下梁歪，朝廷的大小官僚也贪腐成风。连年的苛捐杂税，加上一场大旱，农民怒了。《旧唐书》载当时的歌谣，"翻却曹州天下反"。用今天的话说，宇宙的中心是曹县，中心的老百姓首先不干了，反！黄巢起义爆发。

在这样动乱的年代，韦庄始终相信读书的力量。

公元862年，韦庄二十七岁，第一次参加科举考试，失败；复读十四年，公元876年，四十一岁的韦庄参加第二次考试，失败；公元879年，四十四岁的他，再次来到长安备考，准备三战。没想到公元880年，黄巢领导的农民起义军攻破了潼关，直奔着长安来了，这次姑且不算没考上，毕竟考场被端了。直到第二年，韦庄才与弟弟、妹妹重聚，一起前往相对安定的洛阳。

在洛阳，读书人悲悯的心牵着韦庄的目光在现实里走来走去。最著名的《秦妇吟》——韦庄纪实诗的巅峰，就作于这个时期。后人称韦庄为"秦妇吟秀才"，就由此而来。

诗中详细记录了起义军占领长安的始末。"秦"就是陕西，指的是长安附近。他写的是战乱之中的一个妇女，在打仗的时候逃亡，沿途所看到的战乱情景。诗里面写道："内库烧为锦绣灰，天街踏尽公卿骨。"皇帝的内库有多少绫罗绸缎锦绣，都被一把火烧了；朝堂上的多少文武大臣，都在战乱之中死了，首都的街上，被马匹践踏的都是这些死去的公卿的尸骨！这就是当时战争的景象。

诗里面说："适闻有客金陵至，见说江南风景异。"金陵指的是南京，听说有一个人从金陵来，他说现在江南还是很美丽的，江南暂时还没有战乱。于是韦庄就离开北方，逃到江南去了。

公元883年，韦庄四十八岁，在金陵凭吊六朝遗迹，写下"无情最是台城柳，依旧烟笼十里堤"的诗句。

逃到江南几年以后，北方的战乱平定了，韦庄又回到北方来。漂泊游历、历经沧桑的小老头，已经五十八岁了，依旧选择参加公元893年的考试，不出所料，还是没考上。可是韦庄是个倔老头，愣是没放弃，公元894年，将近六十岁的他，终于如愿以偿，考上了进士做了官，开启了他为大唐发光发热的晚年生活。朝廷也不含糊，立刻派韦庄到西蜀出任务。

清·唐岱《仿古山水图册》（之一）

当时唐朝有很多军阀，各地方的军政长官都独霸一方，这些军政长官就叫"节度使"。韦庄就被派到了西蜀节度使王建那里。王建一看韦庄，真是个人才。公元901年，王建就去请已经六十六岁的韦庄给他当"掌书记"，也就是做王建的秘书。

朱温篡唐，唐朝亡了，开启了后梁、后唐、后晋、后汉、后周的五代，在同一时期，先后还有十个割据政权，这就是五代十国。西蜀地区也建立了一个国家——"前蜀"。前蜀建国以后，王建成为第一个君主，韦庄也跟着升级，做了宰相。国家的一切典章、制度，都是老王请韦庄制定的。韦庄在这里发光发热的同时，还不忘老东家。他回忆起自己的前半生，留下了他自己的人生故事，写下了《菩萨蛮》五首，其中以第二首最出名。

人人尽说江南好，游人只合江南老。春水碧于天，画船听雨眠。
垆边人似月，皓腕凝霜雪。未老莫还乡，还乡须断肠。

这是韦庄回忆中年时来到江南，"人人尽说江南好，游人只合江南老"。你这个游子到了江南，你就应该终老在江南，不要老想着你那北方的故乡了。"春水碧于天，画船听雨眠"，而且江南还有美丽的女子啊，不要老想着绿窗下那个等待你的女子了。"垆边人似月"，"月"是说这个美女让人眼前一亮，容光照人。她给你一斟酒，手腕就露出来了，洁白的肌肤是"皓腕凝霜雪"。而且你的故乡已经是"天街踏尽公卿骨"，已经是"内库烧为锦绣灰"了，所以你不要再回去了。

当年江南的人上赶着来劝韦庄，不如就在江南老去吧。韦庄心想，"未老莫还乡"，这句的潜台词是，老了还要回家乡的。不想此去经年，却是再也回不去从前。国家覆灭，哪里还有故乡？甚至连在江南老去的机会，也没有了。

因为"香草美人"的诗歌阐释传统，人们往往容易看到美人便以为在说贤臣，看到香草便以为要夸美德。韦庄有一阙《思帝乡·春日游》，不大清楚其创作时间，但后人总认为这是韦庄思念故国的词。我不这么以为，我觉得韦庄就

五代·赵嵒《八达游春图》

是实实在在地在写一个真挚的少女，只不过这个真挚少女的倔强，和这个老头自己有点像。

> 春日游，杏花吹满头。陌上谁家年少，足风流？
> 妾拟将身嫁与，一生休。纵被无情弃，不能羞。

那年的杏花没有错，可是终究错过了后来洛阳的许多个春天。

公元910年，倔老头韦庄在成都花林坊病逝，终年约七十五岁，在蜀任宰相不足三年，谥号"文靖"。

韦庄，生逢乱世，可谓人生开局不利，经历黄巢之乱，眼睁睁见证了唐朝的灭亡。四处漂泊，晚年终于在成都安定。

长诗《秦妇吟》与《孔雀东南飞》《木兰诗》并称"乐府三绝"。有《浣花集》十卷，韦庄还是"花间派"代表人物，与温庭筠并称"温韦"。对于温庭筠与韦庄，《人间词话》作者王国维认为，温庭筠的词就如他笔下的"花屏金鹧鸪"，美则美矣，没有生命，又用《菩萨蛮》里的"弦上黄莺语"来评价韦庄，认为韦庄的词富有活力，而《菩萨蛮》五首更是宋词的奠基之作。

韦庄这个倔老头告诉我们，如果开局不利，那么要记得，后期加倍努力。

韦庄的简历

- **籍贯**
  陕西西安

- **生卒年**
  公元约 836—910 年

- **荣誉称号**
  "秦妇吟秀才",与温庭筠并称"温韦"

- **职场经历**
  校书郎:寻寻觅觅大半生,花甲之年终于笔试过了;
  判官:被总公司派到西蜀调解分公司主管之间的矛盾,心累,心累;
  掌书记:总公司风雨飘摇,承蒙西蜀分公司主管王建赏识,挖我去做他的秘书;
  左散骑常侍、判中书门下事:总公司倒闭,在我强烈建议下,分公司主管王建成立大蜀有限公司,而我则成为新公司的制度制定者;
  吏部侍郎兼平章事:作为蜀国有限公司的创始人之一,晋升为公司"二把手"。

- **成就事件**
  成为花间词派的代表人物;
  作品《秦妇吟》与《孔雀东南飞》《木兰诗》并称"乐府三绝";
  跟随王建建立蜀国,也就是所谓的"前蜀",并且制定前蜀开国制度。

- **自我评价**
  没站上时代风口,无所谓,我自己会起飞。

- **主要作品**
  《秦妇吟》《菩萨蛮·人人尽说江南好》。

皮日休

晚唐最后的风骨，
泥泞时代里的一抹光彩和锋芒

他是忧国忧民的知识分子，隐居期间还经常刷"头版头条"；他才华出众，却成了"以貌取人"的牺牲品。

约公元838年，皮日休出身湖北天门的一个平民家庭，祖上几代以务农为生。皮日休从小过着清贫的生活，好在小皮从小就比较上进，不甘心和爹妈一样，一生面朝黄土背朝天。

皮日休自幼勤学苦读，在十几岁的时候，就带着"千百编"图书前往鹿门山隐居五年之久。没错，就是孟浩然住过的那个鹿门山。在此期间，他也充分发扬了孟浩然"喝酒就要喝多，喝多不如醉死"的精神，还给自己起了个名号叫"醉吟先生"。

有些人喝酒之后变得糊涂，有些人喝酒之后变得清醒。皮日休属于越喝酒思维越缜密的那一种。苦读期间，皮日休还是个"冲浪"达人，尤其关注时事政治，也十分了解民生疾苦。因为忧愤家国天下，他写下了《鹿门隐书》六十篇，用哲学的方式批判和讽刺了大唐朝廷。不愧是读书人，骂人都这么不同寻常。

清·沈焯《茅堂深隐图》（局部）

约公元860年前后，皮日休离乡壮游，足迹遍至江西、安徽、江苏、河南等地。这段时间的游历，以及对民情的考察，让他对社会现实看得更为深刻。直到公元866年，他受到了友人的举荐，来到长安城参加进士考试。一个有才华的人，往往是一个不愿意阿谀奉承的人。皮日休也是如此，"哥们儿靠实力就能拿下的任务，绝不拍马屁"。所以不出意外，他"成功"落第了。

之后皮日休只得离开这个物价高且毫无归属感的地方，来到了寿州（今安徽寿县）。这次的失败经历，也让皮日休看清了官场的黑暗，开始专心编录自己的诗文集《皮子文薮》。等诗文集编好了，他的心情也调整好了。

公元867年，皮日休带着自己的得意之作——《皮子文薮》卷土重来，再次来到长安城参加考试。一位名叫郑愚的主考官看到了皮日休的文章，被皮日休的才华折服。郑愚迫切地想见到这位有才华的青年，于是还没有等到发榜，就把皮日休叫到府中与他会面。皮日休心想：这一次幸运之神终于来敲门了，他的人生终于开始走上坡路了。但原本顺理成章的好事还是出意外了，毒舌又耿直的皮日休搞砸了这次会面。

在老郑心中，一个有着非凡才华的人，他的相貌一定差不了，便理所当然地认为皮日休的相貌必定清秀端正，与他的才华相配。但是等皮日休真正来到面前的时候，郑愚大吃一惊。这皮日休的长相实在对不起观众，他的左眼角下塌，远远望去就像个独眼龙。尴尬得老郑没话找话地说道："你的才学称得上才高八斗、学富五车，只是你只有一只眼睛，实在是太可惜了！（子之才学甚富，其如一目何？）"皮日休听了就很不爽，心想：我又不靠颜值吃饭，我明明靠的是真才实学呀。于是他脑子又跟不上嘴了，脱口而出就是一句反讽老郑的话："侍郎不可以一目废二目。"撑得郑老无言以对。结果可想而知，得罪了领导的下场就是名列倒数第一。皮日休终究还是成了当时的"歪风"——以貌取人的牺牲品。他的内心非常复杂，于是写下了这首《登第后寒食杏园有宴，因寄录事宋垂文同年》：

雨洗清明万象鲜，满城车马簇红筵。

恩荣虽得陪高会，科禁惟忧犯列仙。

当醉不知开火日，正贫那似看花年。

纵来恐被青娥笑，未纳春风一宴钱。

这首诗表达了皮日休对于进士及第的兴奋，又满含着一股自怜贫寒的辛酸。因为作为名次垫底的进士，他并没有被分配到什么好工作。

公元869年的六月，皮日休离京东游，寻找入幕的机会，不久就来到苏州刺史崔璞的幕府，担任军事院判官一职。

上任一个月后，在某个秋高气爽的上午，皮日休估计也没什么工作任务，就在庭院煮了一壶茶，手握卷书，悠闲自在地躺着。陆龟蒙找上门来，可能是听闻了皮日休的才华，想来切磋一下吧。两人还真就是冥冥之中注定的缘分，皮日休在看完陆龟蒙的诗后，惊喜地发现，这不就是"世另我"[①]吗？得一知己的美妙感觉让皮日休兴奋得睡不着觉，第二天天一亮，他就回访了陆龟蒙。

之后皮日休就尝试着以作诗来吸引陆龟蒙唱和，这招确实管用，老陆每次都非常配合。一日，皮日休半夜酒醉醒来，入目红烛，心绪颇多，于是立马起身提笔写下一首《春夕酒醒》寄给陆龟蒙：

四弦才罢醉蛮奴，醽醁馀香在翠炉。

夜半醒来红蜡短，一枝寒泪作珊瑚。

接到诗的陆龟蒙，当即提笔和了一首《和袭美春夕酒醒》，写的也是夜里醉酒醒来的情景：

[①] 网络语言，"世界上另一个我"的缩写，用来形容两个人的处境或情感状态非常相似，对方仿佛是另一个自己。

几年无事傍江湖，醉倒黄公旧酒垆。

觉后不知明月上，满身花影倩人扶。

古有伯牙与子期高山流水遇知音，今有皮日休与陆龟蒙诗歌唱和，纵情山水。余成教在《石园诗话》中这样写道："晚唐诗人之相得者，以陆鲁望龟蒙、皮袭美日休为最。"一个"最"字，就足以说明皮日休和老陆的关系在当时的诗人里，可是最铁的。在之后的三年中，两个人就这样来回唱和，共作诗歌三百多首，度过了一段诗酒自娱、怡然自得的生活。

公元872年，皮日休入京担任太常博士，后又东出潼关，任毗陵镇海军节度副使。

公元880年，长安沦陷，黄巢称帝，皮日休被任命为翰林学士，这也算是他人生中的高光时刻了。但据《南部新书》和《唐才子传》记载，皮日休归降黄巢之后，黄巢知道他的诗才出众，让他写一首"诗谶"，说白了就是让他与起

清·上睿《携琴访友图》（局部）

义军的宣传口号，用于收服人心，要求通俗易懂、直白浅显。皮日休心想：这不是小菜一碟嘛，于是提笔就写下了：

欲知圣人姓，田八二十一。

欲知圣人名，果头三屈律。

整首诗的谜底就是"黄巢"，可黄巢本人硬是没看出来，只觉得"田八""果头"听起来像是讽刺自己头秃，一怒之下就杀了皮日休。果然，头秃的人不好惹。

还有一种说法是，皮日休被唐王朝杀了。陆游《老学庵笔记》中记载："皮日休陷黄巢，为翰林学士。巢败被诛。"皮日休真是惨，说来说去都是被杀的命运。

无论何种死因，总归皮日休是以一种黯淡的样子离开了政坛和文坛的，好在他留下了朴素真实的诗句，留下了苦寒中屹立不倒的风骨，他活着时候的满腔热血、满腹经纶，都已经定格在历史长河中。我们看到的，是一个文风犀利，敢于针砭时弊，努力为天下抗争过，将个人安危荣辱置之度外的文人形象。鲁迅先生赞誉皮日休的小品文为唐末"一塌糊涂的泥塘里的光彩和锋芒"，足见在时代困局中，他的那一抹真性情，是多么弥足珍贵。

皮日休的简历

- **籍贯**
  湖北天门

- **生卒年**
  公元约838—约883年

- **荣誉称号**
  与陆龟蒙并称"皮陆","鹿门三高"之一

- **职场经历**
  苏州刺史从事：职位不高，工作不忙，认识了铁哥们儿陆龟蒙，小日子过得倍儿快乐；

  太常博士：还是个小员工，但是在首都工作，算半个老师；

  翰林学士：头顶大老板换人，被迫加入新公司，因为新老板看不懂自己写的东西，被开除了不说，小命也没了。

- **成就事件**
  与好哥们儿陆龟蒙互相酬唱的诗作多达三百余首，兄弟之间无话不谈，唠不完，根本唠不完，成为唱和诗的典型，也是得遇知己的"同频共振"效应。

- **自我评价**
  好看的皮囊千篇一律，有趣的灵魂本人就是！

- **主要作品**
  《汴河怀古二首》《天竺寺八月十五夜桂子》《读书》《咏蟹》等。

鱼玄机

诗中愿皆成闺中怨，
才比李清照，为何沦为大唐豪放女？

她是唐朝诗坛"四大天后"之一，也是大唐赫赫有名的豪放女子，她用一生诠释了一句话——"不要靠近男人，会变得不幸"。

公元844年，即唐会昌四年，鱼幼薇出生在长安附近的一个小县城——鄠杜。

鱼幼薇的父亲是一名秀才，可惜屡试不第，不过他对女儿的教导颇为用心。在这样的环境下成长，鱼幼薇早早便展现出过人的才华，五岁能诵诗百篇，七岁出口成章，十二岁诗名远播长安城。

在鱼幼薇的一生中，父亲是第一个对其产生重要影响的男性人物，他给了她无与伦比的美貌与才华，给了她文学的启蒙，却没有给她成长的庇佑。在她十岁时，父亲就永远地离她而去了。为了生活，鱼幼薇不得不随母亲迁居到满街都是娼妓的长安城郊，靠给娼妓缝补衣服勉强度日。

在烟花柳巷的生活环境里，在这样寒酸的家境里，美得不可方物的鱼幼薇渐渐长大了。倘若她生在如今这样一个人人平等的时代，鱼幼薇即便不能成为一名

响当当的文学大家,也至少能自食其力地谋一份工作,闲暇时候继续热爱着她的文学,有幸的话,还能觅得一群忠实读者。可命运终究不能假设,她生活在那样一个封建的时代里。不消看后面的故事,我们也能预测到她不幸的结局。

鱼幼薇十二岁时,诗名远播。反正也考不中科举的的温庭筠,无官一身轻,第一个慕名前来探访这个小小才女。温庭筠看着眼前的小姑娘,逗她说:"你会作诗吗,你能以'江边柳树'为题写首诗吗?"

素来有"才女"之称的鱼幼薇怎么可能不会写诗,三两下她就吟出一首诗:

赋得江边柳(一作临江树)
翠色连荒岸,烟姿入远楼。
影铺秋水面,花落钓人头。
根老藏鱼窟,枝低系客舟。
萧萧风雨夜,惊梦复添愁。

乐得温庭筠直说她小小年纪就学会故作哀愁了。但是有一说一,这诗写得很不错。于是温庭筠收了鱼玄机做小徒弟,那一年温庭筠四十五岁,鱼幼薇十三岁。

在"少女情怀总是诗"的年纪里,鱼幼薇缺少父亲的陪伴,是温庭筠陪她写诗、唱词、弹琴、吹管。懵懵懂懂的鱼幼薇将这小小的世界当作了自己的全部,以为自己爱上了他。一个美丽的才女,任谁都会动情,温庭筠不是不喜欢鱼幼薇,可是横亘在他们之间的,除了三十余岁的年龄差,更有阶级之差。娼妓一流已是社会底层,而鱼幼薇母女为娼妓浣衣度日，更是底层中的底层。鱼幼薇最好的结局不过是嫁给大户人家做妾室。

温庭筠是不可能娶她的，为了断了她的念想，他很快就娶妻生子，不给她留下一丝机会。在鱼幼薇的一生中，温庭筠是第二个对她产生重要影响的男性人物，他一手将鱼幼薇打造成了鱼玄机，他却从未打算对她的人生负责到底。

鱼幼薇十五岁那年，温庭筠带她去崇真观游玩，恰好赶上朝廷公布新科进士名单，旁边有榜上有名的男同学得意扬扬地题诗留念。小小的鱼幼薇也巾帼不让须眉，写诗叹惋：

游崇真观南楼睹新及第题名处
云峰满目放春晴，历历银钩指下生。
自恨罗衣掩诗句，举头空羡榜中名。

只恨我是女儿身，空有才华却无法考取功名，到底是意难平。旁边的温庭筠听在耳里，若有所思。

没过多久，温庭筠做主，将鱼幼薇嫁给了当时的新科状元李亿做妾。那个时代的女性很难追求自我，她们几乎无事业可做。翻开正史，很少能看到女性的影子，翻开野史，涌入眼帘的尽是才女八卦，书上无穷无尽的故事都是关于她们的感情生活，仿佛她们的毕生追求只能是相夫教子。要说这鱼幼薇也是个心性极其单纯的人，或许是因为父亲角色的缺失，她一生都在追求男人的爱。

嫁给李亿的那几年，她也欢欢喜喜期待着"愿得一人心，白首不相离"，畅想着"身无彩凤双飞翼，心有灵犀一点通"，她想要很多很多的爱。但很多很多的爱，至少是她这个阶层的女人无法得到的。妾在古代是几乎等同于奴婢、等同于物品的存在，地位远远不如正妻。正妻可以随意地打骂妾，即使打杀了妾也不会受到太重的刑罚。

好巧不巧，李亿的正妻裴氏家境优渥，母家的背景非常强大。李亿万万得罪不起这样的岳丈一家，只能成为妻管严。而这裴氏生性善妒，她见不惯自己的丈夫对他人的爱，于是她不断打骂鱼幼薇。李亿对她尚且有点情，他怕鱼幼薇被裴

清·改琦《元机诗意图》（局部）

氏打死，于是将她送去了附近的道观避风头。

在道观的最初几年里，鱼幼薇还在痴心地等待。李亿帮她逃避裴氏，说明他是爱她的，不是吗？大概过不了几年，他就会接走她吧。她一封又一封的情诗不断地寄给李亿，比如这首《江陵愁望寄子安》：

枫叶千枝复万枝，江桥掩映暮帆迟。
忆君心似西江水，日夜东流无歇时。

除了写情诗，她没有别的事情可做，在道观的无数个日日夜夜里，她已经不知道时间是怎么流逝的了。宽大的道袍罩着她日益瘦削的身体，她一直杵在道观门口，痴痴地望着李府的方向，就像一块望夫石。

最终她等来了李府已经举家搬迁去了远方的消息。几年的婚姻和感情，被她总结成了一首《寄李亿员外》（一作《赠邻女》）：

羞日遮罗袖，愁春懒起妆。
易求无价宝，难得有心郎。
枕上潜垂泪，花间暗断肠。
自能窥宋玉，何必恨王昌。

李亿用苦难成就了她的诗才。在鱼幼薇的一生中，李亿成为了第三个对她产生重要影响的男性人物，他给了她爱的希望，最终却因为懦弱而抛弃了她。

此时她依然在勉力支撑着自己，她觉得自己这样地才貌双全，即使是宋玉这样的美才子也是可以配得上的，又何必因为王昌的离开而烦恼？鱼玄机又将思念转而投向了那个曾经温暖过她的大叔温庭筠，无数个孤苦伶仃的夜晚，她写了一首又一首的诗寄给温庭筠：

冬夜寄温飞卿

苦思搜诗灯下吟，不眠长夜怕寒衾。
满庭木叶愁风起，透幌纱窗惜月沈。
疏散未闲终遂愿，盛衰空见本来心。
幽栖莫定梧桐处，暮雀啾啾空绕林。

鱼玄机用诗诉说着自己的寂寞。温庭筠依然没有勇气迈过这辈分的伦常，他在回诗中提醒她也提醒自己"遗簪可惜三秋白，蜡烛犹残一寸红"。温庭筠坚持着"发乎情，止乎礼"。

鱼玄机因为家世，无法被自己欣赏的男人八抬大轿明媒正娶，也同样因为自傲才貌双全，不愿委曲求全地"下嫁"。

卖残牡丹

临风兴叹落花频，芳意潜消又一春。
应为价高人不问，却缘香甚蝶难亲。
红英只称生宫里，翠叶那堪染路尘。
及至移根上林苑，王孙方恨买无因。

这首《卖残牡丹》写出了她的心境。她自己也知道，在男人眼里自己不过是一件商品，所以她把自己比作了"残牡丹"，她知道自己的结局只能是独自终老。

最终，鱼玄机走向了自暴自弃的毁灭。她不愿意做一件商品，她要主动选择。于是她在道观外竖起了一块"鱼玄机诗文候教"的牌子，在道馆里举办起"文学沙龙"，她要让一众才子都为她争风吃醋，一个个匍匐在她的道袍下。她的诗也越来越直白：

秋怨

自叹多情是足愁，况当风月满庭秋。
洞房偏与更声近，夜夜灯前欲白头。

她以一种外人看起来或许有些可笑的方法去对抗这个世界对她的不公，可是"屠龙者终成恶龙"，她想主动选择做自己，最后却失去了自己。没有精神寄托，外加每天喝酒、熬夜放纵欲望，她的精神状态不可避免地越来越差。

在众多风流才子中，一位名叫陈韪的乐师看起来最为爱她，可没想到陈韪也背叛了她。鱼玄机身边有一个侍女叫绿翘，有一天，鱼玄机应王孙之约外出游山玩水，玩着玩着她想到陈韪会来找自己，于是赶回了道观。可是道观里却没有陈韪的影子，她质问婢女绿翘，绿翘却支支吾吾回答说陈先生午后来过，见你不在，已经走了。

鱼玄机顿时气急败坏，她怀疑这个男人也背叛了她，而且还是因为一个小小的婢女。鱼玄机怒火中烧，她将绿翘带进卧室进行鞭笞。受害者最终成了加害者，鱼玄机活生生打死了十三岁的绿翘，还把绿翘的尸体埋进后院，对外宣称绿翘逃跑了。这一年是公元868年，鱼玄机二十五岁。

在鱼幼薇的一生中，陈韪成为第四个对她产生重要影响的男性人物。他对女人习惯性地伪装出深情，不想这一次的背叛，虽是他人生中的习以为常，却成了压垮鱼玄机的最后一根稻草。

鱼玄机的谋杀案最终还是东窗事发了。鱼玄机案的主审官是京兆尹温璋，他是温庭筠的一个远房亲戚。温庭筠一生落魄，从未攀附过阔亲戚，这次为了鱼玄机，他对温璋苦苦相求，却依然无用。温庭筠探狱鱼玄机，看见头发凌乱衣裳也破破烂烂的鱼玄机很是平静，嘴里喃喃念着最后的绝唱——《句》：

焚香登玉坛，端简礼金阙。
明月照幽隙，清风开短襟。
绮陌春望远，瑶徽春兴多。
殷勤不得语，红泪一双流。
云情自郁争同梦，仙貌长芳又胜花。

第二天，她被酷吏温璋判处死刑，年仅二十五岁。

鱼玄机不知道自己也是温庭筠在世间唯一的精神念想。两年后，公元870年，唐懿宗咸通十一年，京兆尹温璋被贬振州司马。大约是看到了鱼玄机案审判官凄惨的结局，年迈的温庭筠已无遗憾，转身走进历史的深处，自此，世间再无温庭筠的新消息。

鱼玄机的简历

- **籍贯**
  陕西西安

- **生卒年**
  公元 844—868 年

- **荣誉称号**
  "唐代四大女诗人"之一

- **职场经历**
  少年师从"花间词派"之鼻祖的温庭筠，得京师才俊赏识，小有诗名；
  后与补阙李亿为妾，怎料从此打开了命运的潘多拉魔盒，一步错，步步错。

- **成就事件**
  小女不才，成为长安城家喻户晓的女诗人。

- **自我评价**
  喜欢读书，擅长诗歌创作，"自恨罗衣掩诗句，举头空羡榜中名"；
  "忆君心似西江水，日夜东流无歇时"，为何总是遇见渣男？

- **主要作品**
  《赋得江边柳》《寄李亿员外》《闺怨》等。